W0040765

d

Laura de Weck

Politik und Liebe machen

Kleine Dialoge

Diogenes

Sämtliche Kolumnen wurden im Zeitraum Oktober 2011
bis Januar 2016 sowohl im *Tages-Anzeiger*, Zürich,
als auch in *Der Bund*, Bern, zuerst veröffentlicht.
Covermotiv: Foto von Nino Vela (Ausschnitt)
Copyright © Nino Vela

Danke, Fanny!

Inhalt

Liebesspiele

REGISSEUR

SCHAUSPIELERIN

REGISSEUR Hey, die Besetzungsliste ist fertig. Du wirst in *Kabale und Liebe* die Hauptrolle spielen!

SCHAUSPIELERIN Die Luise?

REGISSEUR Ja! Freust du dich denn nicht?

SCHAUSPIELERIN Doch, doch …

REGISSEUR Luise ist so eine großartige Figur. Sie kämpft gegen Adel und Bürgertum …

SCHAUSPIELERIN … für ihre Liebe.

REGISSEUR Ja! Und davor hast du ja auch schon die Julia gespielt, die sich über ihre Familienfehde hinwegsetzt …

SCHAUSPIELERIN … um bei ihrer Liebe zu sein.

REGISSEUR In Zukunft seh ich dich auch als Königin der Amazonen, die im Kampf ihren Achill …

SCHAUSPIELERIN … aus Liebe tötet.

REGISSEUR Oder Ophelia …

SCHAUSPIELERIN … die sich aus Liebe umbringt.

REGISSEUR Gretchen …

SCHAUSPIELERIN … die aus Liebe wahnsinnig wird.

REGISSEUR Solveig …

SCHAUSPIELERIN … die ein Leben lang auf ihre Liebe wartet.

REGISSEUR Stella, Fräulein Julie oder Sara Sampson, du kannst einfach alles spielen!

SCHAUSPIELERIN Alles? Ich darf nur glücklich verliebt oder unglücklich verliebt oder wahnsinnig verliebt oder enttäuscht verliebt oder rasend verliebt spielen. Das ist doch nicht alles, sondern nur verliebt.

REGISSEUR Das liegt vielleicht an deinem Spielalter …

SCHAUSPIELERIN Das liegt überhaupt nicht am Alter. Nach all diesen jungen Liebesrollen gibt es für mein Alter nämlich erst mal gar nichts zu spielen. Erst viel später kommen die Frauenfiguren wieder, die glücklich, unglücklich, enttäuscht oder rasend lieben, und zwar diesmal ihre Kinder. Und diese Frauen sind auf der Bühne meistens alt, weil Frauen während der Schwangerschaft und bei der Geburt im Theater, im Film und überhaupt in der ganzen Weltliteratur so gut wie gar nicht auftauchen, außer in Ratgeberbüchern. Also kommen Frauenfiguren erst dann wieder vor, wenn sie abermals dramatisch lieben können wie Mutter Courage, die ihre Kinder an den Krieg verliert, Medea, die ihre Kinder umbringt, Nora, die ihre Kinder verlässt, oder Martha, die ein Kind erfindet.

REGISSEUR Das sind doch alles hochkomplexe und emanzipierte Figuren.

SCHAUSPIELERIN Und später kommen die alten Liebesfrustrierten wie Lady Milford, Marquise de Merteuil …

REGISSEUR ... die Literaturgeschichte geschrieben haben.

SCHAUSPIELERIN Ja, aber nur Geschichten um die Liebe der Frauen herum. Und das Glück all dieser Figuren ist davon abhängig, ob es mit der Partner- oder Kinderliebe klappt. Ich würde so gern mal eine Frau spielen, die die Welt rettet, ohne sich nebenbei zu verlieben, die an die Macht will ohne Mann an ihrer Seite, eine Frau, die an ihrem Beruf und nicht an ihrer Liebe scheitert, eine Frau, die ab und zu mit einem Typen ins Bett geht, wie James Bond, aber am Schluss als Single aus ihren Taten glücklich und erfüllt dem Sonnenuntergang entgegenschreitet.

REGISSEUR Aber solche Frauenfiguren gibt es doch, wo ja jetzt auch die Frauen schreiben.

SCHAUSPIELERIN Zähl mir drei auf.

REGISSEUR Pippi Langstrumpf?

SCHAUSPIELERIN Ich bin doch kein Kind!

REGISSEUR Die aus *Kill Bill*?

SCHAUSPIELERIN Die wird aus Liebe zur Killerin.

REGISSEUR Na ja, vielleicht ist es ja wirklich so, dass für euch Frauen die Liebe eben viel zu eurem Glück oder Unglück beiträgt.

SCHAUSPIELERIN Aber vielleicht ist es ja auch so, dass für euch Männer die Liebe genauso viel zu eurem Glück oder Unglück beiträgt.

REGISSEUR Ja, vielleicht ...

SCHAUSPIELERIN Also, besorg mir ne ordentliche liebesunabhängige Rolle oder besetz die inzwischen mit ner anderen.

REGISSEUR Nein, bitte geh nicht!
SCHAUSPIELERIN Warum?
REGISSEUR Ich liebe dich.

Denken und Reden

HANS-UELI

URSI

Hans-Ueli und Ursi sitzen im Wald auf einer Bank.

HANS-UELI *denkt nach* Jeden Tag sitz ich hier und denk, jetzt wär es eigentlich schön, wenn ich öppis sagen würde. Öppis, worüber wir dann schwätzen könnten, die Ursi und ich. Öppis, worüber die Ursi und ich lang und angeregt schwätzen könnten. Aber es fällt mir nie öppis ein, und dann sitzen wir da und sagen nichts. Und die Leut, die vorbeijoggen, die gucken uns an und sagen: Schau, da sitzen sie, die Alten, und haben sich nichts mehr zu sagen. Und die Leut schwätzen dann über uns, dass wir eben nichts zu schwätzen hätten, und sind wahrscheinlich selber froh, dass sie was zum Schwätzen gefunden haben.
Ich hab mal gelesen, dass eine Psychologin herausgefunden hat, dass Liebespaare vor der Hochzeit ganz viel miteinander reden und dass es nach der Hochzeit stetig abnehmen würde und im Alter nur ganz wenig geschwätzt würde. Aber die Psychologin hat auch gesagt, dass das gar nicht so schlimm sei, wenn

Alte nichts mehr miteinander zu besprechen hätten, weil man sich dann blind verstehen würde. Da müsse man den Partner nur angucken und wisse schon, was der denkt.

Hans-Ueli guckt Ursi an.

Ob die Ursi jetzt wohl weiß, was ich denke? Und was sie jetzt wohl selber denkt? Das weiß ich beim besten Willen nicht. Ja, es ist schon traurig: Die Ursi und ich schwätzen nicht miteinander und denken nicht miteinander.

Aber ich hab die Ursi immer noch gern und schweige lieber mit ihr als mit irgendeiner anderen. Und wenn ich so richtig nachdenke, dann hab ich auch schon früher als junger Mann nicht viel geschwätzt. Da stand ich auch schon auf den Feiern und Feten und hab nicht gewusst, worüber ich mich mit den Kollegen unterhalten soll, und habe mich gewundert, was die anderen sich wohl erzählen. Und als ich dann gelauscht habe, worüber die so wild berichteten, da hab ich gedacht: Ja nu, da hätten die genauso gut auch den ganzen Abend schweigen können.

Ich hab mal ein Buch gelesen von dem Schriftsteller Schlink, da hat der Mann in der Geschichte gesagt: »Ich kann nicht leicht über Schweres und nicht schwer über Leichtes reden.« Und da war ich schon sehr stolz, dass es mir genauso geht wie der Figur in dem Buch. Das Denken fällt mir eben leichter als das Schwätzen. Denn es ist ja nicht so, dass ich nicht über öppis nachdenken würde. Ich denk schon über unsere Welt und unsere Schweiz und unsere Parteien nach. Die Leut sagen zum Beispiel, dass die Schweizer Volkspartei endlich das ausschwätzen würde, was alle nur denken würden. Aber ich glaube, das ist alles nur blödes Geschwätz. Und darin liegt eben das große Problem unseres Landes: Die, die schwätzen können, denken nicht, und die, die denken können, schwätzen nicht.

Ich glaub, ich wähle das nächste Mal die Piraten-Partei, die jetzt langsam auch zu uns kommt. Die sind wie ich, die können nicht gut reden, und drum versteh ich auch nicht, was die wollen. Ich versteh das sowieso nicht, wo ich doch nie ins Internet gehe. Ich versteh nur, dass es wichtig ist, dass sich jetzt Leut um das kümmern, was man in meinem Alter nicht mehr versteht, denn das ist die Zukunft.

Ich könnt die Ursi eigentlich mal fragen, was sie von der Piraten-Partei denkt. Die geht ja jeden Tag da rein, ins Internet, und schwätzt dort mit den Leut, stundenlang. Dort kann sie schwätzen, aber hier nicht. Worüber sie wohl redet im Internet und mit wem?

Hans-Ueli guckt Ursi an.

Aber es wäre jetzt schon sehr komisch, wenn wir über Politik schwätzen würden. Das haben wir ja noch nie getan, obwohl wir beide zum Zmorge die Zeitung lesen. Aber wenn ich sie jetzt nach dreiundfünfzig Jahren öppis über die Politik fragen würd, würd sie mich wahrscheinlich ganz entgeistert anschauen und denken, es sei etwas Komisches passiert in meinem Grind. Also bleib ich lieber still. Die Zeit ist jetzt so oder so um, und jetzt kommen sowieso die einzigen zwei Sätze, die wir hier immer schwätzen.

URSI Gehen wir heim?

HANS-UELI Ja, gehen wir heim.

Forever

LENI

MUTTER

VATER

Die Familie sitzt in der Badi.

VATER Leni, du wirst bald achtzehn.

MUTTER O Gott …

VATER Volljährig, Leni, du kannst alle Entscheidungen
selber treffen.

MUTTER … und übernimmst jetzt auch die Verantwortung.

VATER Du bist ein großes Mädchen.

MUTTER Weißt du denn schon, was du dir zu deinem
Geburtstag wünschst, Liebes?

LENI Klar, ein Tattoo.

MUTTER Was?

VATER Das kommt nicht in Frage. Ich bezahl doch nicht
dafür, dass du entstellt wirst.

LENI Na gut, dann kann ich mir eben den Profistecher
nicht leisten, aber ein Anfänger kann das auch.

MUTTER Leni, warum willst du ein Tattoo?

VATER Weil sie nicht in die Zukunft denken kann!

MUTTER Jetzt flipp doch nicht gleich aus, Jan. Ich kann Leni verstehen. In dieser flüchtigen Welt heute ist nichts mehr von Bestand. Der Job, die Beziehung, Europa, alles kann morgen wieder verschwinden. Da kann ich schon verstehen, dass man sich etwas wünscht, das bleibt, das für immer da ist.

VATER Ein Tattoo kannst du heute genauso aus der Haut lasern wie Griechenland aus Europa. Das kostet einfach viel Zeit und Geld.

LENI Ich will es doch gar nicht weglasern. Das bleibt für immer.

VATER Liebes, nichts bleibt für immer, glaub mir, nichts. Es gibt etliche Dinge, von denen man vor zwanzig Jahren dachte, das wird sich nie und nimmer ändern, und jetzt ist es schon so weit: offene Grenzen in Europa, Homo-Ehe in Amerika, gelüftetes Bankgeheimnis in der Schweiz. Was heute noch sattelfest ist, wird morgen schon hinterfragt!

MUTTER Jetzt übertreib nicht, Jan, das hat doch mit ihrem Tattoo nichts zu tun.

VATER Natürlich. Schau dich hier in der Badi um, Leni. Nach den Ankern und Pin-ups hatten alle Anfang der Neunziger verschlungene Tribal-Symbole an Arsch und Arm, wie der Typ da drüben. Dann sah man an jedem Bein asiatische Schriftzeichen, von denen nicht mal der Tätowierte wusste, was es bedeutet. Seit 2000 liest du auf allen Körpern Gedichte und Lebensweisheiten. Danach kamen die ganz kleinen Sternchen, Delphine und Herzchen an versteckten Orten, die überhaupt nicht versteckt sind, wie man bei der Frau da hinten sieht. Und jetzt muss man wieder klotzen, um in der Badi aufzufallen. Am besten gleich den ganzen Arm oder den ganzen Rücken, großflächig, farbig, Natur, Tiere, Verwandte, detailliert, voll künstlerisch, voll anders als alle anderen. Ich kann's nicht mehr sehen. Liebes, was du jetzt schön und wichtig findest, gefällt dir in fünf Jahren nicht mehr, glaub mir. Lass dir von jemandem sagen, der älter ist: Alles verändert sich, alles, auch der Geschmack.

LENI Meins wird mir immer gefallen.

VATER Du kannst dir das jetzt vielleicht nicht vorstellen, aber auch deine Haut wird mal schrumpelig.

LENI Na und? Das, was auf dem Tattoo steht, bleibt für immer.

MUTTER Was? Was steht denn auf dem Tattoo, Liebes? Was bleibt für immer?

LENI Die Liebe.

VATER Nein, nein, nein! Ich hab's kommen sehen, meine Tochter hat sich in einen Spießer verliebt, der meint, er sei ganz besonders verrucht, mutig und geheimnisvoll, weil er das macht, was alle anderen machen, ein Tattoo! Ein Paar-Tattoo, Leni, niemals! Die Liebe ist noch schlimmer als die Politik, die verändert sich ständig!

MUTTER Das stimmt doch nicht, Jan!

VATER Mit achtzehn schon …

MUTTER Willst du dir Tobis Namen tätowieren lassen?

LENI So ähnlich.

VATER Leni, ich gebe dir tausend Franken, wenn du dich nicht tätowieren lässt.

MUTTER Jetzt wirst du völlig wahnsinnig, Jan. Wenn Leni sich von Tobi trennt, kann sie immer noch ihren Hund Tobi taufen.

VATER Nein, nein, nein. Leni, ich verbiete dir, ein Tattoo zu machen!

LENI Vielleicht hast du recht, Papa, vielleicht ändern sich doch Dinge, von denen man dachte, die bleiben für immer.

MUTTER Leni, was wolltest du dir tätowieren lassen?

LENI *I love mom and dad.*

Investment

ROBERT

SARA

FLAVIA

1. Szene
Robert und Sara haben ein Blind Date im Restaurant.
Robert kommt an Saras Tisch.

ROBERT Du bist sogar noch schöner als auf dem Foto, das du mir gemailt hast.

SARA Oh ... Bist du Robert?

ROBERT Ich hab uns schon zwei Cüpli mitgebracht. Aber keine Angst, ich bin nicht Kellner.

SARA Nein? Sondern?

ROBERT Ich arbeite auf einer Bank. Investment. Es ist ein harter Job, aber ich arbeite gern mit Zahlen. Prost!

SARA Das macht dir Spaß?

ROBERT Was?

SARA Den ganzen Tag nichts anderes zu tun als aus einem Franken einen Franken zwanzig zu machen?

ROBERT Na ja, eher einen Franken fünfzig.

SARA Und das, ohne ein Produkt herzustellen?

ROBERT Na ja ...

SARA Und dabei Diktatoren zu helfen, ihr blutiges Geld zu verstecken? Und Millionären zu helfen, ihre Steuern zu hinterziehen? Und den Nahrungsmittelpreis in die Höhe zu treiben, damit die Weltbevölkerung schrumpft? Das macht dir Spaß?

ROBERT Ich ... ähm ...

SARA Und dafür kassierst du dann die fetten Boni ein, weil du ja so viel Verantwortung hast. Aber wenn du Scheiße baust, dann muss der Staat für dich einspringen? Wo ist denn da plötzlich die Verantwortung, von der du dir die Jacht kaufst?

ROBERT Ich?

SARA Und mit der Jacht willst du dann Mädchen wie mich beeindrucken? Das funktioniert heute nicht mehr.

ROBERT Bist du von Occupy Paradeplatz?

SARA Hau ab, und geh auf den Golfplatz. Du machst unsere Welt kaputt. Prost!

Sara leert das Cüpli und rennt weg.

2. Szene
Eine Woche später. Zweites Date. Robert kommt an Flavias Tisch.

ROBERT Ich hab uns schon zwei Cüpli mitgebracht, aber keine Angst, ich bin nicht Kellner.

FLAVIA Sondern?

ROBERT Lass uns nicht über Berufe reden.

FLAVIA Ach komm, hast du Angst zu sagen, was du machst?

ROBERT Nein, nein … Gar nicht … Ich … Ich bin Schauspieler.

FLAVIA Oh, toll.

ROBERT Ja, ich muss immer wahnsinnig viel Text auswendig lernen, aber das kann ich sehr gut. Und was machst du?

FLAVIA Ach, was furchtbar Langweiliges, nicht so aufregend wie du. Ich bin Bankerin. Investment.

ROBERT Oh …

FLAVIA Findest du das schlimm?

ROBERT Nein, nein …

FLAVIA Seit der Krise muss ich mich dauernd für diesen Beruf rechtfertigen. Noch vor zehn Jahren hätte ich Parship gar nicht genutzt, da sind mir die Männer nur so hinterhergelaufen. Aber jetzt bin ich anscheinend der Teufel in Person, und alle stellen die Gewissensfrage.

ROBERT Und was antwortest du, wenn …?

FLAVIA Ich sag ihnen, dass sie nicht so moralisch tun sollen, weil sie auch vom Erfolg des Finanzplatzes Schweiz profitieren. Sogar ein Schauspieler wie du. Was glaubst du, wer im Abo-Publikum hockt? Wir sitzen alle im gleichen Boot.

ROBERT Genau, stimmt.

FLAVIA Und ich erklär ihnen, dass sie keine Ahnung haben, was ich wirklich mache. Es kann ja sein, dass ich in ein junges ökologisches Unternehmen investiere und nicht in eine Bananenrepublik.

ROBERT Super Antwort, das muss ich mir merken.

FLAVIA Für was?

ROBERT Für … Damit ich … ähm … Für eine Rolle. Ich spiele gerade einen Banker.

FLAVIA Wetten, du spielst ein grausames Arschloch, das schuld daran ist, dass es allen anderen schlechtgeht?

ROBERT Ähm … Ja.

FLAVIA Was ist es denn für ein Stück?

ROBERT Die *Sechsrappenoper*.

FLAVIA Ich kenn nur die *Dreigroschenoper*.

ROBERT Ja, die meine ich ja.

FLAVIA Aber in dem Stück kommt doch gar kein Banker vor?

ROBERT Ich … Ganz ehrlich gesagt, bin ich gar nicht Schauspieler … Ich arbeite auch in deinem Segment.

FLAVIA Scheiße. Du bist von der deutschen Steuerfahndung, stimmt's?

Flavia leert das Cüpli und rennt weg.

Curiosity

AMÖBE 1

AMÖBE 2

Zwei Amöben auf dem Mars.

AMÖBE 1 Seit Tausenden von Jahren …

AMÖBE 2 … gucken wir denen auf der Erde zu.

AMÖBE 1 Hier ein Stamm.

AMÖBE 2 Dort ein Stamm.

AMÖBE 1 Der eine Stamm will mehr Land.

AMÖBE 2 Krieg.

AMÖBE 1 Der Stamm kriegt einen Chef.

AMÖBE 2 Der Chef kriegt ein Heer.

AMÖBE 1 Der Chef will ein Gewässer.

AMÖBE 2 Vertreibung, Besetzung.

AMÖBE 1 Krieg.

AMÖBE 2 Der eine baut eine Stadt.

AMÖBE 1 Die Stadt beherrscht das Land.

AMÖBE 2 Vormundschaft, Tyrannei.

AMÖBE 1 Nichts kapiert.

AMÖBE 2 Krieg.

AMÖBE 1 Kaiser, Könige, sogar die Geistlichen …

AMÖBE 2 … sind größenwahnsinnig.

AMÖBE 1 Expansion.

AMÖBE 2 Vertreibung.

AMÖBE 1 Besetzung.

AMÖBE 2 Krieg.

AMÖBE 1 Nationalstaaten, Armeen.

AMÖBE 2 Manchmal Hoffnung.

AMÖBE 1 Dann wieder nichts kapiert.

AMÖBE 2 Land entdeckt.

AMÖBE 1 Fahne reingesteckt.

AMÖBE 2 Vertreibung, Besetzung.

AMÖBE 1 Versklavung.

AMÖBE 2 Und nochmals:

AMÖBE 1 Land entdeckt.

AMÖBE 2 Vertreibung, bla, bla …

AMÖBE 1 Weltkriege.

AMÖBE 2 Bürgerkriege.

AMÖBE 1 Biologische Waffen.

AMÖBE 2 Chemische Waffen.

AMÖBE 1 Präzisionswaffen.

AMÖBE 2 Plünderung, Gemetzel, Folter, Tod und Ver-
gewaltigungen wegen …

AMÖBE 1 … Land, Land und noch mehr Land.

AMÖBE 2 Weil im Land Geld oder Glaube steckt.

AMÖBE 1 Glauben die.

AMÖBE 2 Und jetzt.

AMÖBE 1 Kommen die zu uns.

AMÖBE 2 Nichts kapiert.

AMÖBE 1 Gar nichts.

AMÖBE 2 Vielleicht wollen wir nämlich gar nicht, dass
die kommen.

AMÖBE 1 Vielleicht sind wir ganz glücklich, so wie wir jetzt sind.

AMÖBE 2 Vielleicht wollen wir gar nicht von oben bis unten analysiert werden.

AMÖBE 1 Von ihrer neugierigen Curiosity-Maschine.

AMÖBE 2 Weil, wenn die Curiosity erst sieht, was wir hier haben.

AMÖBE 1 Und wenn es bei denen erst mal nichts mehr gibt.

AMÖBE 2 Dann kommen die rüber.

AMÖBE 1 Und wollen unsere Energie, unser Wasser und unser Geheimnis.

AMÖBE 2 Und wandern massenhaft ein.

AMÖBE 1 Aber wem gehört der Mars?

AMÖBE 2 Den Amerikanern?

AMÖBE 1 Der Erde?

AMÖBE 2 Uns Amöben?

AMÖBE 1 Und dann führen sie Steuern ein.

AMÖBE 2 Damit sie uns Straßen und Schulen bauen können.

AMÖBE 1 Und führen Geld ein.

AMÖBE 2 Damit wir uns auch was kaufen können.

AMÖBE 1 Und führen Technologie ein.

AMÖBE 2 Damit wir auch mal einen anderen Planeten erforschen können.

AMÖBE 1 Und führen Gott ein.

AMÖBE 2 Damit uns jemand tröstet, weil das alles unerträglich geworden ist.

AMÖBE 1 Und was ist, wenn wir rüber zur Erde fliehen wollen?

AMÖBE 2 Dann lassen sie uns nicht rein.

AMÖBE 1 Und bauen eine Mauer im All …

AMÖBE 2 … wo nur sie rein, aber wir nicht raus.

AMÖBE 1 Und was glaubst du, was kriegen wir?

AMÖBE 2 Kapitalismus oder Kommunismus? Beide sind in der Krise.

AMÖBE 1 Vielleicht lassen sie uns auch abstimmen.

AMÖBE 2 Stimmt, Demokratie, vielleicht begegnen sie uns sogar mit Respekt.

AMÖBE 1 Stimmt, vielleicht fühlen sie sich endlich weniger einsam, weil sie nicht das einzige Leben im All sind.

AMÖBE 2 Stimmt, vielleicht sind sie ja im Innersten ganz nett.

AMÖBE 1 Stimmt, vielleicht wollen sie uns ja wirklich nur aus Neugierde kennenlernen. Vielleicht sind sie nur so wahnsinnig neugierig, mehr nicht.

AMÖBE 1 + 2 Ha, ha, ha.

Aus dem Greifarm der Curiosity kommt ein Reagenzglas hervor, das in die Erde sticht und Amöbe 2 mit sich reißt.

Bier-Ueli

UELI, Rentner
SARA, junge Künstlerin

Ueli sitzt draußen vor einer Bar, Sara schlendert vorbei.

UELI Hoi.
SARA Hoi.
UELI Nimmst ein Bier?
SARA Klar.

Sara setzt sich zu Ueli.

SARA Prost, Ueli! Auf dich, der du da hockst. Ich
schwör's, ich erkenn meine eigene Straße nur noch
daran, dass du hier sitzt. Wirklich, in dem Quartier hat
sich alles verändert. Aber was auch immer passiert, du,
Ueli, hockst hier ab siebzehn Uhr mit deinem Bier und
rauchst. Du bist der sichere Wert. Wirklich, wenn mir
zum Heulen zumute ist, dann weiß ich, ich kann jetzt
zum Bier-Ueli und mit dir über die Welt schimpfen
und wieder eine Zigarette rauchen, obwohl ich aufhören wollt. Wo kann man das noch? Wo gibt es noch
diese Orte, wo man weiß, da ist ein Mensch. Glaub

mir, wenn ich gar nicht mehr drauskomme, schau ich einfach nach, wo du hockst, weil du mich orientierst, Ueli. Prost!

UELI Prost, Sara!

SARA Du, seit zwei Jahren such ich doch hier eine größere Wohnung, weil ich mit meinem Freund zusammenziehen will, und gestern hat's endlich geklappt! Aber jetzt freu ich mich irgendwie gar nicht, weil ich nicht weiß, ob ich überhaupt noch in unserem Quartier leben möcht. Ich hab ja nichts dagegen, wenn die Welt sich ändert, aber wenn aus dem Puff eine Bar wird ...

UELI Und aus den Kellern WGs ...

SARA Aus dem Schlachthof Ateliers ...

UELI Aus dem Call-Shop ein Klub ...

SARA Aus der Garage ein Plattenladen ...

UELI Aus dem Trödelladen Galerien ...

SARA Aus dem Pornokino eine Krippe ...

UELI Aus der Drogenhilfe ein Start-up ...

SARA Aus dem Schneider ein Edelmetzger ...

UELI Aus der Eckkneipe eine Boutique ...

SARA Und aus dem Falafel-Imbiss eine Biobäckerei ...

UELI Und wenn aus ebendieser Biobäckerei dann ein Kiosk geworden ...

SARA Und aus ebenjenem Start-up eine Café-Lounge ...

UELI Aus der Boutique ein Franchise-Shop ...

SARA Aus dem Edelmetzger eine Bankfiliale ...

UELI Aus der Krippe ein Bürogebäude ...

SARA Aus dem Plattenladen ein Wellness-Center ...

UELI Und aus dem Klub eine Gastrowelt ...

SARA Wenn aus den WGS Eigentumsapartments und aus der Bar ein Work-Life-Balance-Centrum geworden ist.

UELI Und wenn dann auf der letzten Rasenfläche der Flohmarkt zum Outdoor-Sonnenkult-Platz und der Spielplatz zum Erlebnis-Park wird …

SARA Wenn aus dem »Arbeit für alle«- ein »Party für alle«-Plakat wird, wenn also aus der A-Klasse …

UELI Arbeitslose, Arme, Alte und Ausländer.

SARA … zuerst die B1-Klasse:

UELI Bohemiens, Bio-Eltern, Brot-Jobber.

SARA … und dann die B2-Klasse:

UELI Banker, Businessleute, Big Player.

SARA … geworden ist. Dann sind alle genau da, wo sie nie sein wollten.

UELI Weil die B2 und die B1 die As mitsamt den Künstlern und Studenten vertrieben haben, weswegen sie einmal hergezogen sind.

SARA Und wenn hier um Mitternacht kein Mensch mehr auf den Straßen ist, weil alle am nächsten Tag früh arbeiten müssen, dann wurde das Problemquartier von Politik und Immobilienmarkt erfolgreich »belebt«. Und an allem sind wir auch noch selbst schuld, weil wir ja das Quartier zum Szene- und Investitionsstandort gemacht haben mit unserer selbstausbeuterischen Kreativarbeit. – Ach Ueli, Hauptsache, du bist noch da und trinkst Bier. Und deswegen unterschreibe ich morgen auch diesen blöden, überteuerten Mietvertrag, weil ich mir mein Quartier nicht nehmen lasse und weil wir hierbleiben wollen, Ueli, und nicht an den Stadtrand gedrängt werden wollen, nur um dort wieder den Boden für das Investitionsgelände der Zukunft zu beackern.

UELI Jawohl! – Wo habt ihr eure neue Wohnung denn gefunden?

SARA Im Haus, wo der neue Yoga-Club drin ist, gleich hier um die Ecke.

Pause.

UELI Das ist meine Wohnung. Die wird saniert. Ich muss bis Ende Monat raus.

Psycho

Martin sitzt bei einer Psychologin.

PSYCHOLOGIN Was führt Sie zu mir?

MARTIN Ja, also angefangen hat es vor circa drei Mona-
ten. Da hatte ich manchmal so komische Schmerzen
im Bauch. Und als ich zum Doktor gegangen bin,
hat er verschiedene Untersuchungen gemacht und in
den Darm reingeschaut, aber er sagte, er könne nichts
finden. Und als ich das meiner Frau erzählte, da sagte
sie, sie nehme an, die Bauchschmerzen seien einfach
psychisch.

PSYCHOLOGIN Mhm.

MARTIN Aber weil ich psychisch so gar nichts gespürt
habe, bin ich zu einem anderen Doktor gegangen,
und der zweite Doktor hat dann ein ganz kleines Geschwür gefunden. Und als ich ihn gefragt habe, wie
denn das Geschwür in meinen Bauch gekommen sei,
hat er gesagt, er nehme an, das sei wahrscheinlich psychisch.

PSYCHOLOGIN Mhm.

MARTIN Und der Arzt sagte, dass es ganz gut wäre, wenn ich etwas für meine Entspannung tun würde. Und so hab ich am selben Abend bei meiner Tochter geklopft. Und als ich sie gefragt habe, ob ich ein wenig von ihrem Gras rauchen könne, da hat sie mich ganz besorgt angeschaut und gefragt, ob das vielleicht ein Zeichen für eine psychische Midlife-Krise sei?

PSYCHOLOGIN Mhm.

MARTIN Aber das Marihuana ist mir nicht gut bekommen, und als ich am nächsten Tag viel zu spät zur Arbeit kam, hat meine Sekretärin mich gefragt, warum es denn heut so spät geworden sei und warum ich dauernd zum Doktor müsse und ob es vielleicht etwas Psychisches wäre? Da wurde ich ganz wütend und hab ihr gesagt, dass sie sich doch um ihren eigenen Seich kümmern solle.

PSYCHOLOGIN Mhm.

MARTIN Und als ich dann über Mittag in der Kantine gegessen hab, hab ich am anderen Tisch meine dumme Sekretärin mit einem noch dümmeren Kollegen reden sehen, und die haben mich von weitem immer so beäugt und die ganze Zeit geflüstert: psychisch, psychisch, psychisch.

PSYCHOLOGIN Mhm.

MARTIN Und als ich meine Nüdeli nicht aufessen mochte, da meinte mein Chef, der neben mir saß, dass ich doch sonst immer Appetit hätte. Und ich erklärte ihm, dass ich reichlich gefrühstückt hätte, aber ich weiß schon, was das Arschloch sich heimlich dachte: Nämlich, dass ich psychisch keinen Hunger hätte.

PSYCHOLOGIN Mhm.

MARTIN Und seitdem hört es nicht mehr auf: Wenn ich meine alte Mutter anrufe, ist das psychisch. Wenn ich keine Lust habe auszugehen, wenn ich Schoggi esse, wenn ich gut aussehe, wenn ich mich verspreche oder unsere Küche ausbaue – ist alles psychisch. Und jetzt bin ich schon so durcheinander, dass ich mich gar nicht mehr traue, auch nur irgendetwas zu machen, und befürchte, dass, wenn ich eines Tages sterbe, alle sagen werden, dass es nur psychisch war.

PSYCHOLOGIN Mhm, mhm, mhm, mhm. Vielleicht kann ich Ihnen das so erklären: Es gibt ja einige Dinge, die in unserem Leben passieren, aber wir wissen nicht, warum. Ihr Geschwür zum Beispiel.

MARTIN Mhm?

PSYCHOLOGIN Früher haben die Menschen diese un-geklärten Dinge mit ihrem Glauben an Gott beant-wortet. Gott konnte ihnen erklären, warum sie krank oder unglücklich sind oder ihre Küche umbauen müssen. Und der Glaube konnte auch die Schmerzen lindern. Aber heute rennen die Leute eben nicht mehr in die Kirche, sondern zu mir. Sie denken, dass ich all ihre Fragen beantworten und dass ich ihnen ihre Schmerzen nehmen kann. Und selbst wenn ich ab und zu jemandem helfe, so stehe ich oft – genauso wie Sie – total ratlos vor diesem Phänomen, dass die Menschen alle möglichen Handlungen begründet und die unmöglichsten Fragen beantwortet haben wollen.

MARTIN Aber warum brauchen die Menschen das?

PSYCHOLOGIN Das ist rein psychisch.

Frei sein

FRITZ

VRENI

Fritz und s'Vreni sitzen draußen vor einer Beiz.

VRENI Prost, Fritz, auf die Freiheit!

FRITZ Prost, Vreni, auf unsere Freiheit!

VRENI Freiheit ist unser höchstes Gut!

FRITZ Ja, unsere Freiheit müssen wir beschützen!

VRENI Und aufs Blut verteidigen!

FRITZ Auf unsere Freiheit!

VRENI Prost.

FRITZ Prost.

VRENI Du, Fritz, ich bin so frei, mir eine Zigarette an-
zuzünden.

FRITZ Du, Vreni, lieber nicht, jetzt bin ich grad erkältet.
Lass uns lieber die frische Luft im Freien genießen.

VRENI Ach so …

FRITZ Ja.

VRENI Du, Fritz … Was meinst du eigentlich mit Freiheit?

FRITZ Ich? Ist doch klar. Frei sein. Immer und überall.
Frei von …

VRENI Nein, Fritz, es heißt nicht »frei von«, es heißt »frei zu«. Frei zu rauchen, beispielsweise.

FRITZ Von oder zu, das kannst ja legen, wie du willst.

VRENI Eben. Meinst du die Freiheit, zu tun, was man will?

FRITZ Eher die Freiheit, sich zu wehren, wenn jemand tut, was er will.

VRENI Meinst du, auch der Natur ihre Freiheit zu gewähren?

FRITZ Oder die Freiheit, sich ein Haus zu bauen, wo man möchte?

VRENI Die Freiheit, nicht dauernd mit irgendwelchen Nachrichten zugeballert zu werden?

FRITZ Oder die Freiheit, jederzeit erreichbar zu sein?

VRENI Steuerfrei?

FRITZ Oder macht erst die Steuer frei? Wer sonst soll die Straßen bauen und Sicherheit gewährleisten?

VRENI Ist nur der frei, der in Sicherheit ist?

FRITZ Oder nehmen die Sicherheitskontrollen unsere Freiheit?

VRENI Freiheit durch Menschenrechte?

FRITZ Was wäre eine Demokratie ohne Menschenrechte?

VRENI Eine Diktatur.

FRITZ Und die freie Marktwirtschaft?

VRENI Oder die freie Vetterliwirtschaft?

FRITZ Die Freiheit, auch Minderheiten beschimpfen zu dürfen?

VRENI Oder die Freiheit, als Minderheit geschützt zu werden?

FRITZ Die Freiheit zu fliehen.

VRENI Und die Freiheit, wo anzukommen.

FRITZ Die freie Liebe?

VRENI Oder die freie Entscheidung für einen Partner?

FRITZ Sich von der Macht des Gelds zu befreien?

VRENI Oder Geld als Freiheit?

FRITZ Die Freiheit, Mauern zu bauen?

VRENI Oder die grenzenlose Freiheit?

FRITZ Frei zu sein, weil man nicht gefangen ist?

VRENI Oder nach Dürrenmatt, sich aus lauter Freiheit ins Gefängnis zu setzen?

FRITZ Frei von Verantwortung?

VRENI Oder macht Freiheit verantwortlich?

FRITZ Ist nur der frei, der seine Freiheit gebraucht?

VRENI Oder ist vor allem der frei, der nichts braucht?

FRITZ Welche Freiheit soll denn nun beschützt werden, Vreni?

VRENI Meine oder deine?

Alte Weihnachten

Im Bett macht Verena die Augen auf.

VERENA Oje, heut ist Weihnachten. Das heißt, bald folgt
Silvester, und ich hab vergessen, in welches Jahr wir
reinfeiern. Ich hab überhaupt vergessen, wie alt ich
bin. Aber es spielt auch keine Rolle mehr, ich muss
mich ja nicht für einen Job bewerben oder noch ein
Kind kriegen oder sonst irgendeine Deadline einhal-
ten. In bin nämlich zu nichts mehr zu gebrauchen, und
das ist sehr angenehm. Ich bleib einfach noch ein wenig im Bett liegen und trinke einen Schluck Wasser. Im
Alter fängt man den Tag nämlich am besten mit einem
Schluck Wasser an, dann hat man weniger Aussetzer,
das weiß ich aus Erfahrung. Aber für meine Erfahrung
interessiert sich leider kein Mensch. Das liegt nicht am
Alter, sondern an der Zeit. Als ich jung war nämlich,
wollte ich ganz schnell älter werden wegen der Erfahrung. Aber kaum war ich älter, hatten plötzlich die
Jungen die Erfahrung und wussten besser, wie und vor
allem wo man lebt, nämlich im Computer. Früher war
das so: Die Jungen sind schön, die Alten sind erfahren,

aber jetzt bleibt uns gar nichts mehr. Und genau so
wird es sein, wenn heute Abend die Kinder und Enkel zur Weihnachtsfeier kommen, dann sitzen wir da,
und sie stellen mir keine einzige Frage. Sie fragen mich
nicht, wie man mit dem Unglück umgeht oder wie das
Unglück gar nicht erst kommt, nein, sie richten mir
eine E-Mail-Adresse ein und schenken mir ein iPad,
und am Schluss muss ich die ganzen Fragen stellen:
Wo ich denn klicke, wenn ich mir das Foto nochmals
anschauen möcht, und wo ich klicke, wenn ich es mir
nie wieder anschauen möcht. Das ist ja schon gut, und
es macht ja auch Spaß, meinem Moritz bis nach Mexiko
zu folgen. Nicht in echt, sondern auf Twitter natürlich,
aber um ehrlich zu sein, würde ich lieber erfahren, ob
er denn nun mit seiner Freundin geschlafen hat und ob
er auch verantwortungsvoll verhütet, als zu erfahren,
welche anderen Berge er ersteigt. Ja, ja, so ist es mit uns
Alten: Wir sitzen da, müssen angerufen, gepflegt und
besucht werden. Wir kosten ein wahnsinniges Geld,
aber die Weisheit und Erfahrung, die wir fürs Geld
gern zurückgeben möchten, interessieren niemanden
mehr. Das hab ich schwarz auf weiß: Die Invaliden-
versicherung hat mir vor ein paar Tagen geschrieben,
dass sie mir trotz Hörschwäche keine Weiterbildung
an Hörbehindertenkommunikation zahlt, weil sich
»die Investition« nicht mehr lohne. Und obwohl wir
Alten keine Investition wert sind, investieren sie wie
verrückt ins Altwerden, so dass meine Enkelin eine
Lebenserwartung von hundert Jahren hat und sie sich
ihre neue Niere dann selbst aus dem 3-D-Drucker

drucken kann. Da fragt man sich schon, warum die Wissenschaften so sehr in die Alten der Zukunft investieren, wenn sie die Alten der Gegenwart schon nicht mehr wollen. Das sogenannte vierte Alter können die Wissenschaften bis jetzt nämlich auch nicht schmerzloser machen. Oje.

Vielleicht male ich aber auch alles zu schwarz. Es gab ja in den letzten Wochen hundert Artikel darüber, dass wir Alten doch der Gesellschaft etwas bringen, weil wir die hysterischen jungen Menschen runterholen, weil wir die Gesellschaft entschleunigen, und das tue der Gesellschaft sehr gut, dass da noch welche sind, die sich dem rasenden, neumodischen Tempo naturgegeben widersetzen. Ja vielleicht sind wir wandelnde Memento mori.

Oje, nur zum Weihnachtenfeiern sind wir noch gut genug. Und dabei kann ich mit diesem Fest gar nicht viel anfangen. Vom Glauben hin zum Geld hat sich dieses Fest gewandelt. Obwohl, ob der Glaube besser ist als das Geld? Ich weiß es gar nicht. Stimmt, ich muss ein bisschen aufpassen, nicht alles schlecht zu finden, wie die Menschen heute leben. Eigentlich ist es ja auch schön, dass Weihnachten meine Kinder und Kindeskinder dazu zwingt, Ferien zu machen und sich zu beschenken.

Wenn ich es mir recht überlege, haben alte Menschen und Weihnachten vieles gemeinsam: Keiner weiß eigentlich so genau, wozu es uns beide noch gibt, wir kosten wahnsinnig viel Geld, kurbeln aber die Wirtschaft an, wir kümmern uns um familiäre Zusammenkünfte, wir zwingen die Leute, sich eine Auszeit zu nehmen, wir sind anstrengend, und trotz allem hat man uns beide irgendwie gern.

Quotenangst

SIE

ER

ER In Deutschland wurde die Frauenquote für Verwaltungsräte eingeführt.

SIE Und in der Schweiz kommt es jetzt auch vors Parlament.

ER Und viele schimpfen wieder.

SIE Es ginge ja nicht darum, ob jemand Frau oder Mann sei, sondern darum, ob jemand für den Job gut oder schlecht sei.

ER Und überhaupt wolle man sich nichts aufzwingen lassen.

SIE Man tue ja schon sehr viel für die Frauen.

ER Man hätte ja schon verstanden, dass Räte mit Frauen bessere Entscheide treffen.

SIE Das sei sogar wissenschaftlich bewiesen.

ER Die Vorurteile Frauen gegenüber seien also längst abgelegt.

SIE Man wolle ja Frau und Mann nicht gleichschalten.

ER Sondern gleichberechtigen.

SIE Und das seien sie ja schon.

ER Frauen dürfen heute auch wählen und abstimmen,

eine Ausbildung machen und leben, wie sie wollen.

SIE Das würde alles schon seinen richtigen Gang nehmen.

ER Wir seien auf dem besten Weg.

SIE Es würde alles gut kommen.

ER Es würde alles gut sein.

SIE Warum also dieser Zwang?

ER Weil der Konsens von Mann und Frau heute immer noch folgender ist:

SIE Frauen, die in Sitzungen schweigen, gelten als inkompetent ...

ER ... aber Männer als nachdenklich.

SIE Frauen, die sich nur um Haushalt und Kinder kümmern, gelten als konservativ.

ER ... aber Männer als fortschrittlich oder verweichlicht.

SIE Frauen, die sich keine Kinder wünschen, gelten als seltsam.

ER ... aber bei einem Mann ist das verständlich.

SIE Frauen, die den Namen ihres Partners annehmen, gelten als normal.

ER ... aber Männer als mutig oder peinlich.

SIE Frauen, die sich über die Ungerechtigkeit der Welt ärgern, gelten als naiv.

ER ... aber Männer als idealistisch.

SIE Frauen, die in der Kinderbetreuung arbeiten, fallen nicht weiter auf.

ER ... aber Männer gelten als verdächtig.

SIE Frauen, die unbedingt an die Macht wollen, gelten als eiskalt.

ER … aber Männer als karrieristisch.

SIE Frauen, die untreu sind, gelten als verrucht.

ER … aber bei Männern sei das biologisch.

SIE Frauen, die sich über Frauen beschweren, gelten als Zicken.

ER … aber Männer, die sich über Männer beschweren, als kritisch.

SIE Und umgekehrt gelten Frauen, die sich über Männer beschweren, als kritisch.

ER … aber Männer, die sich über Frauen beschweren, als frauenfeindlich.
Dann gibt es Männer, die sich immer beschweren, die gelten als hitzig.

SIE … aber eine ebensolche Frau nennt man hysterisch.

ER Männer, die ihr Kind zum Apero mitnehmen, gelten als super Daddy.

SIE … bei Frauen heißt es: Warum nimmt sie ihren Balg mit?

ER Männer, die sich für ihre Rechte einsetzen, gelten als politisch engagiert.

SIE … bei Frauen heißt das feministisch.

ER Männer, die guten Sex haben, gelten als geile Stecher.

SIE … aber Frauen gelten als durchgefickt.

ER Für Frauen gelten Krippen als große Entlastung.

SIE … sind sie für Männer nicht ebenso wichtig?

ER Ja, ja.

SIE Auch wir wollen Frau und Mann nicht gleichschalten, aber wenigstens gleich walten lassen.

ER Die Angst vor Quoten ist wirklich unberechtigt. Sogar unser ganzes Politsystem ist mit dem Proporz auf Quoten ausgerichtet. Keine Partei würde auf die Idee kommen, auf ihre quotenmäßige Vertretung im Bundesrat zu verzichten.

SIE Und solange das alles noch so ist, dass Frau und Mann zwar die gleichen Rechte haben, aber nicht gleich behandelt werden …

ER … ist für mich …

SIE … und für mich …

ER … die Frauenquote total wichtig.

Usländer

TARIK

JOHANNA

In einem Zug. Tarik geht mit der Minibar durch einen Waggon, Johanna hält ihn an.

TARIK Cola, Gipfeli, Mineral. Cola …

JOHANNA Guete Morgä.

TARIK Grüezi.

JOHANNA Ich hätti gern ein Is.

TARIK Ein was?

JOHANNA Ich hätti gern ein Is.

TARIK Sorry, Glace, haben wir nicht.

JOHANNA Ach so, Glace heißt das in der Schweiz. 'tschuldige, ich bin grad frisch aus Deutschland hergezogen und versuche nur, mich zu integrieren.

TARIK Viel Spaß, Mann, ich probier das schon seit fünf Jahren, ich schwör's, aber die merken immer noch, dass ich kein Schwiizer bin.

JOHANNA Kannst du mir dann vielleicht erklären, ob ich Schweizerdeutsch lernen soll oder nicht? Ein Schweizer hat mir gesagt, ich soll das auf keinen Fall tun.

TARIK So ein Seich, klar musst du das lernen. Mich ha-

ben die extra zu so einem Sprachkurs vom Kanton ge-
schickt. »Grüezi, min Name isch Tarik, Gwalt isch kei
Lösig.« So was lernt man dort, ich schwör's.

JOHANNA Echt? Wo kann ich mich da anmelden?

TARIK Das ist aber kein Kurs für Deutsche, sondern nur
für Ausländer wie mich, weißt du, damit die besser
einen Beruf finden.

JOHANNA Ach so, einen Job zu finden ist für mich kein
Problem, im Gegenteil. Aber die Schweizer meinen
trotzdem, dass ich ihnen die Jobs klaue.

TARIK Ja, wenn sie mich sehen, meinen die Schwiizer
auch immer, dass ich ihnen was klauen will.

JOHANNA Am liebsten wollen die sowieso, dass wir hier
nur Urlaub machen.

TARIK Urlaub? Mein Chef sagt immer: »Ferie chasch
woanderscht mache.«

JOHANNA Aber die haben doch voll Probleme, weil
keine Ausländer mehr hier Urlaub machen.

TARIK Das ist doch unlogisch, Mann. Ferien in der
Schwiiz können sich eh nur Schwiizer leisten.

JOHANNA Eben. Und ich will mich wirklich integrieren.
Ich versuche, nicht laut zu reden und nicht zu deutlich
zu sagen, was ich denke.

TARIK Echt? Mir sagen sie immer, ich soll lernen, mich
besser auszudrücken.

JOHANNA Dich besser auszudrücken? An der Uni nennen meine Kommilitonen mich Klugscheißerin, weil
der Professor sagt, ich könne mich gut ausdrücken.

TARIK Das ist eben, weil wir Ausländer sind. Machst du
dies, machst du das, alles ist falsch, ich schwör's.

JOHANNA Ob du dir eine teure Wohnung kaufst …

TARIK … oder in einer billigen von der Stadt wohnst …

JOHANNA Ob du hier Steuern sparst …

TARIK … oder Steuern zahlst …

JOHANNA Ob du im Seefeld lebst und keine Kinder hast …

TARIK … oder in Seebach und viele Kinder hast …

JOHANNA … immer ist es falsch.

TARIK Ja, aber ich nehm's easy, weil die Schwiizer sind eigentlich immer voll nett und anständig mit mir, ich schwör, auch wenn sie uns ausschaffen wollen. Sie sagen mir immer: Weißt du, Tarik, ich hab dich voll gern, aber wenn ihr in der Gruppe auftaucht, dann wird's schwierig.

JOHANNA Ja, das sagen sie mir auch: Dich mag ich schon, aber wenn ihr in Massen kommt …

TARIK Aber mir wäre eigentlich lieber, sie würden sagen: Weißt du, Tarik, ich hab alle Ausländer voll gern, aber dich find ich scheiße.

JOHANNA Stimmt.

TARIK Aber ich schwör, ich kenn keinen Schwiizer, der mich im Herz nicht gern hat. Ich mein, kennst du einen Schwiizer, der dich gar nicht mag?

JOHANNA Natalie Rickli.

TARIK Wer ist das? Ist die hübsch?

JOHANNA Hässlich ist sie nicht.

TARIK Vielleicht ist sie einfach nur eifersüchtig, weil du eine hübsche Frau bist.

JOHANNA Danke …

TARIK Vielleicht hat sie einfach Angst, dass du ihr den Mann wegschnappst.

JOHANNA Ja, vielleicht …

TARIK Aber ich bin nicht der Mann von Natalie, ich schwör's. Also kommst du morgen mit mir in den Ausgang? Kommst du? Ich kann dir Schwiizerdütsch beibringen.

Tariks Chef kommt in den Waggon.

CHEF *ruft* Hey, Tarik, Ferie chasch woanderscht mache!

Mindful

NACHBAR

FRAU

Es klingelt an der Tür.

NACHBAR Hallo, ist Frank da?

FRAU Ja, aber er ist nicht zu sprechen.

NACHBAR Was macht er denn?

FRAU Er muss sich konzentrieren.

NACHBAR Auf was?

FRAU Auf seine Konzentration.

NACHBAR Was? Aber ich brauch sein Werkzeug …

FRAU Er wird nicht aussteigen.

NACHBAR Aus seiner Konzentration?

FRAU Genau.

NACHBAR Er hat doch längst gehört, dass ich hier bin.

FRAU Das muss er aushalten.

NACHBAR Das muss eher ich aushalten. Es ist dringend.

FRAU Seine Konzentration ist auch dringend.

NACHBAR Dein Handy klingelt.

FRAU Das muss ich aushalten.

NACHBAR Was musst du aushalten?

49

FRAU Dass mein Telefon klingelt, während ich mich auf dich konzentriere.

NACHBAR Auf mich? Hä, seid ihr alle wahnsinnig?

FRAU Frank und ich entwickeln gerade ein neues Geschäftsmodell. Wir spüren, dass die Welt zu schnell geworden ist, wir werden täglich bombardiert mit privaten und globalen Nachrichten, die uns konfus machen. Wir brauchen wieder mehr Konzentration.

NACHBAR So ein Geschäftsmodell gibt es längst, das heißt Meditation.

FRAU Genau, und weißt du, wie viel die verdienen mit ihrer Meditation? Die digitale Industrie gibt Millionen aus, um den Stress zu bekämpfen, den sie hervorgebracht hat. In Palo Alto steht neben dem Facebook-Gebäude ein Zen-Zentrum, und es gehört schon zum Lebenslauf jedes Google-Mitarbeiters, einen Achtsamkeit-Workshop besucht zu haben. Die CEOs der wichtigsten IT-Firmen aus dem Silicon Valley lassen regelmäßig einen Mönch einfliegen, um mit ihm zu meditieren. Was früher nur Aussteiger gemacht haben, machen jetzt die Karrieristen. Das ist ein Riesengeschäft.

NACHBAR Das mag ja sein, aber jetzt muss ich dringend …

FRAU Konzentration ist die neue Währung, sage ich. Weißt du, wie viele Arbeitsstunden der Wirtschaft verlorengehen, nur weil die Leute es nicht mehr schaffen, sich zu konzentrieren? In den Büros haben alle ihr Mailprogramm, ihr Facebook offen und das Handy dabei. Alle Viertelstunde surrt es irgendwo. Du musst nur die Zeit zusammenrechnen, in der die Leute ihre Arbeit unterbrechen, um ihre Nachrichten zu checken, und die Zeit, um sich wieder der Arbeit zu widmen. Das ist ein enormer Arbeitsausfall.

NACHBAR Ja, aber in Notfällen …

FRAU Das Computerprogramm »Mac Freedom«, das die Internetverbindung für eine von dir ausgewählte Zeit unwiderruflich kappt, boomt! Aber was nützt den Leuten Mac Freedom, wenn der Nachbar jederzeit klingeln kann?

NACHBAR Na ja, wenn der Nachbar eine dringende Information …

FRAU Die Menschen wollen wieder die volle Konzentration, aber das Riesenangebot an Mindfulness, Zen, Digital Detox, Yoga und Meditation überfordert sie, und hier kommen Frank und ich ins Spiel. Wir haben Konzentrationsübungen entwickelt, die besser, schneller und effizienter funktionieren. Wir kreieren die Königsdisziplin für die Topleute.

NACHBAR Hör mir bitte zu, da oben ist …

FRAU Wir haben eine Methode entwickelt, Menschen dahin zu trainieren, dass sie immun werden gegen Klingeltöne, Maileingänge und Türklingeln. Wir trainieren den natürlichen Reflex ab, auf Nachrichten zu reagieren, damit wir wieder selbstbestimmt entscheiden können, was wichtig ist.

NACHBAR O Gott, hörst du das …

FRAU Deshalb nennen wir unser Geschäftsmodell: *Concentrain your brain*. Findst du gut?

NACHBAR Kannst du dich jetzt bitte mal auf mich konzentrieren!

FRAU Stell dir doch mal vor: All die Doktorarbeiten, Businesspläne, Geschäftsstrategien wären auf einmal viel ausgefeilter, hätten mehr Qualität, weil sich die Leute wieder über Wochen nur auf eine Sache konzentrieren könnten. Über Wochen!

NACHBAR Achtung!

FRAU Das ist die Ausbildung für die Elite von morgen! Das schafft nicht mal die Meditation! Und wir werden reich dabei!

NACHBAR Rohrbruch! Die Decke stürzt ein!

Kinderreime

A

B

A Kaspar hat gerades Haar,
  aber er hätte lieber Wellen
  wie Ellen.

B Ellen ist füllig,
  aber sie wäre lieber schlank
  wie Frank.

A Frank hat einen PC,
  aber er hätte lieber einen Apple
  wie Seppel.

B Seppel hat 783 Facebook-Freunde,
  aber er hätte lieber einen Schatz
  wie Ignaz.

A Ignaz hat einen Schwanz,
  aber er hätte lieber eine Muschi
  wie Uschi.

B Uschi ist kokainsüchtig,
aber sie wäre lieber clean
wie Konstantin.

A Konstantin hat einen Kombi,
aber er hätte lieber ein Cabrio
wie Mario.

B Mario hat die große Freiheit,
aber er hätte lieber eine Familie
wie Cäcilie.

A Cäcilie hat ein KMU,
aber sie hätte lieber eine Riesenfirma
wie Irma.

B Irma hat ein schönes Loft,
aber sie hätte lieber eine Villa
wie die von Vasella.

A Vasella verzichtet auf 72 Millionen,
dabei hätte er lieber so viel Stutz
wie Tiger Woods.

B Tiger Woods hat viele Frauen,
aber er wäre lieber ein Saubermann
wie Johann Schneider-Ammann.

A Johann Schneider-Ammann ist in Bern Bundesrat,
aber er hätte gern mehr Power
wie Jack Bauer.

B Jack Bauer ist ein Serienheld,
aber er wäre lieber ein lebendiger Superstar
wie Kendrik Lamar.

A Kendrik Lamar ist immer nur im Kulturteil,
aber er wäre lieber auf der Titelseite
wie Elisabeth die Zweite.

B Elisabeth die Zweite hat ein Bad aus Marmor,
aber sie hätte lieber eins aus Mahagoni
wie Berlusconi.

A Berlusconi hat sechs Fernsehsender,
aber er hätte lieber Macht, Gas, Öl und Benzin
wie sein Freund Putin.

B Putin hat einen trainierten Body,
aber er hätte lieber eine Hightech-Raketenabschuss-
basis
wie Abdullah ibn Abd al-Aziz.

A Abdullah ibn Abd al-Aziz hat eine Stiftung für krebs-
kranke Kinder,
aber er hätte lieber noch eine gegen Tuberkulose, Ma-
laria und Aids
wie die von Bill Gates.

B Bill Gates hat Milliarden,
aber er hätte am liebsten die ganzen USA
wie Obama.

A Obama ist der mächtigste Mann der Welt,
aber er hätte lieber Zauberkraft
wie der, der unsere Welt hat erschafft.

B Der, der unsere Welt hat erschafft,
ist müde und schaut auf seine langen grauen Locken
und denkt, ach hätte ich doch so schön gerades Haar
wie Kaspar.

Das Schweigen des Volks

ANNA

NATASCHA

ANNA Ich bin so sauer.

NATASCHA Was ist denn los?

ANNA Ich hab mich so über einen Artikel in der Zeitung aufgeregt.

NATASCHA Das passiert einem doch die ganze Zeit.

ANNA Ja, aber ich hab mir dann voll Mühe gegeben und hab einen Leserbrief geschrieben, aber die Deppen drucken den nicht ab!

NATASCHA Echt? Machst du das oft?

ANNA Eben nicht. Ich feile einen ganzen Nachmittag daran, und dann bringen die das nicht.

NATASCHA Die bekommen wahrscheinlich extrem viele Leserbriefe.

ANNA Ja, sie hätten eine andere Auswahl getroffen, und es gäbe ja nicht endlos Platz, bla, bla, bla …

NATASCHA Wenn der Artikel online ist, dann schreib doch einen Kommentar.

ANNA Das haben sie mir auch geschrieben.

NATASCHA Und?

ANNA Bist du wahnsinnig? Liest du ab und zu diese

Kommentare? Die meisten sind total aggressiv und voller Rechtschreibfehler.

NATASCHA Na ja …

ANNA Ich verstehe einfach nicht, warum sich eine Zeitung total Mühe gibt, im Print die besten Leserbriefe auszuwählen, und es derselben Zeitung schnurzegal ist, was für Leserbriefe online erscheinen. Im Print wird nur die obere Spitze gezeigt, im Online nur die untere Spitze gelöscht. Aber die Zeitung muss doch ein Interesse haben, im Print und online dieselbe Qualität zu halten.

NATASCHA Online ist es eben die Stimme direkt aus dem Volk.

ANNA Das ist die Stimme direkt aus den miefigen Stuben von Leuten, die zu viel Zeit haben und endlich eine Öffentlichkeit gefunden haben, wo sie ihren Frust loswerden. Die kommentieren nicht, die kotzen sich aus. Dann fangen die Kommentatoren auch noch an, sich gegenseitig fertigzumachen, so dass am Schluss all diese Besserwisser abends wütend ins Bett gehen. Und dann stehen die am nächsten Morgen noch frustrierter auf und hoffen geradezu, dass wieder ein Artikel online ist, worüber sie sich furchtbar aufregen dürfen. Sobald sie diesen Artikel gefunden haben, freuen sie sich so sehr, wieder jemanden von ihrem sicheren Schreibtisch aus fertigmachen zu können, dass sie ganz vergessen, ihren Text nochmals zu lesen, bevor sie auf Enter drücken.

NATASCHA Jetzt wirst du ja selbst total aggressiv.

ANNA Aber ich schreib keinen Kommentar darüber.

NATASCHA Sich auskotzen soll ja gesund sein. Vielleicht tragen die Kommentare zur Volksgesundheit bei.

ANNA Das ist aber nicht das Volk! Man hat doch rausgefunden, dass neunzig Prozent der Kommentatoren Männer sind und dass achtzig Prozent aller Kommentare von zwanzig Prozent aller Kommentatoren geschrieben werden. Die meisten sind politisch extrem, oft rechts, und einige wurden sogar gekauft, um ein Meinungsbild zu streuen. Sieht so unser Volk aus? Es sind nur wenige und immer dieselben!

NATASCHA Dann haben diese wenigen aber total viel Macht, weil sie nämlich gelesen werden.

ANNA Werden sie nicht.

NATASCHA Natürlich, du liest sie ja selbst.

ANNA Ab und zu.

NATASCHA Alle lesen sie.

ANNA Aber alle regen sich drüber auf.

NATASCHA So funktioniert eben das Spiel: Da schreibt jemand einen Artikel zu einem hochemotionalen Thema, zum Beispiel: Neues Asylheim geplant. Dann schreiben Leute hochemotionale Kommentare dazu, die von anderen gelesen werden, die sich hochemotional darüber aufregen. Am Schluss hat man ganz viele Emotionen von unterschiedlichen Leuten, nur weil man einen Artikel gelesen hat. Und das ist wieder das Interesse der Zeitung.

ANNA Was soll ich denn jetzt machen?

NATASCHA Du musst deinen Leserbrief online setzen. Damit tust du was gegen die zwanzig Prozent und bewirkst auf jeden Fall mehr als im Print.

ANNA Hmm …

NATASCHA Aber über welchen Artikel hattest du dich eigentlich so aufgeregt?

ANNA Ach, da war so eine Kolumnistin im *Tagi*, die über Online-Kommentare schrieb.

Direkte Deutsche Demo

BEAT

FRANK

Das Telefon klingelt. Beat nimmt ab.

BEAT Hallo?

FRANK Hallo, Beat, hier ist Frank!

BEAT Ah, salü …

FRANK Na, wie geht's? Ich dachte, ich ruf mal an und hör, was mein alter Schweizer Freund so treibt. Bald ist ja schon wieder Weihnachten und der ganze Kram. Fahrt ihr wieder in eure schönen Berge?

BEAT Wir …

FRANK Dieses Jahr kommen wir nicht, ist einfach zu teuer mit diesem Franken. Wenn jedes Brötchen an der Ecke drei Euro kostet, wird man doch wahnsinnig. Wir fahren wahrscheinlich nach Köln zu Tina. Die hat ja ein Kind bekommen mit irgend so einem altmodischen Namen.

BEAT Oh, das ist ja …

FRANK Die heißen ja heute alle so wie vor dreihundert Jahren: Oskar, August, Friedrich und so, aber das wollt ich gar nicht mit dir besprechen. Es geht um was ganz anderes, ich brauche nämlich deinen Rat. Ja! Hast du überhaupt schon gehört? Wir in Deutschland sind ja auf Schwiizer Kurs.

BEAT Ja, ich hab schon …

FRANK Wir haben jetzt nämlich auch eine Urne. Referendum, Bürgerentscheid. Zum ersten Mal haben wir abgestimmt! Und zwar, ob dieser bescheuerte Bahnhof gebaut wird oder nicht. Aber wir haben verloren, verdammte Scheiße. Na ja, wir haben leider auch noch keine echte direkte Demokratie, aber schlussendlich wollen wir ja dahin kommen, wo ihr seid. Also nicht in die Schweiz. Keine Angst, ich bleib zu Haus. Hab gehört, ihr habt schon genug von uns Deutschen. Was die Türken für Deutschland sind die Deutschen für die Schweiz. Wir würden euch überrollen, überfahren und so.

BEAT Das …

FRANK Dabei lieben wir euch doch. Sonst würd ich dich ja nicht anrufen. Ich brauch dich jetzt nämlich als Spezialist, als Schweizer, als Demokratieprofi. Der Stuttgarter Bahnhof war erst der Anfang. Wir wollen abstimmen! So wie ihr über … Über was stimmt ihr denn so ab?

BEAT Also, letztes Wochenende …

FRANK Wählt ihr eigentlich eure sieben Kanzler direkt? Mir ist das sowieso ein Rätsel, wie ihr das macht mit so vielen Parteien in der Regierung, wir kriegen das ja schon mit zweien nicht hin.

BEAT Das ist …

FRANK Aber zurück zum Thema: Ich will vor allem

von dir wissen, wie das bei euch so werbetechnisch funktioniert? Also, wie kriegt ihr die Leute zum Abstimmen? Ich hab gehört, ihr macht Plakate, wie es sie bei uns in den dreißiger Jahren gab? Wir suchen natürlich was anderes, auch neue Medien. Hast du da Erfahrungen?

BEAT Ja …

FRANK Hallo? Bist du noch da? Ist die Leitung weg?

BEAT Nein, ich …

FRANK Das Problem in Deutschland ist nämlich so: Viele gehen demonstrieren, aber die Leute, die auf die Straße gehen, gehen nicht zur Urne, und die, die zur Urne gehen, nicht auf die Straße. Wir brauchen aber die Leute von der Straße an der Urne, also bringen wir die Urne auf die Straße!

BEAT Aha …

FRANK Ja, während einer Woche, und nicht nur am Sonntag …

BEAT Aber …

FRANK … sind in der ganzen Stadt offizielle Urnen aufgestellt, und jeder, der daran vorbeiläuft, kann spontan abstimmen.

BEAT Aha, aber …

FRANK So kriegen wir neunzig Prozent Wahlbeteiligung und vor allem die besseren Ergebnisse.

BEAT Aha, aber …

FRANK Und das Ganze nennen wir dann »Direkte Demo«. Gut, ne? Wie findest du die Idee?

BEAT Ja, da kann …

FRANK Super, ich hab gewusst, dass dir das gefällt. Es ist eben richtig schweizerisch, das Prinzip.

BEAT Du …

FRANK Also, vielen Dank für deine Hilfe. Danke, ich meld mich an Weihnachten wieder, und grüß Anja.

BEAT Ja, und du …

FRANK Alles Liebe nach Bern. Tschüss, Tschüssi!

Frank legt auf.

BEAT Tschau, Frank.

Mama

BORIS, 16 Jahre
MARIA, 36 Jahre

Abends. Boris trifft zufällig seine Tante Maria.

MARIA Hey. Alles klar?

BORIS Nein, Mann.

MARIA Was denn los?

BORIS Voll Stress zu Hause, Mann.

MARIA Was denn los?

BORIS Nichts, Mann. Die Alte stresst einfach.

MARIA Sag's doch einfach, vielleicht kann ich ja mit ihr reden.

BORIS Mit der kann man nicht reden.

Pause.

BORIS Bist du mit meiner Mutter befreundet?

MARIA Hä? Ich bin ihre Schwester.

BORIS Ist mir schon klar, dass du ihre Schwester bist, Mann. Ich mein, auf Facebook. Bist du jetzt mit ihr befreundet oder nicht?

MARIA Ich glaub schon.

BORIS Dann musst du die Freundschaft kündigen.

MARIA Was?

BORIS Mann, seit Mama auf Facebook ist, bin ich voll am Ausrasten. Die kommt einfach nicht draus. Die postet auf meiner Pinnwand so: »Hoi, mein Frosch, du hast deine Puschen bei Omi vergessen.« Voll peinlich. Und jetzt hat sie rausgefunden, wie man Fotos postet, und schickt mir die ganze Zeit ihre scheiß Blumenbilder. Mann, ich hab jahrelang an meinem Profil gearbeitet. Weißt du, nur so mit den geilsten Fotos und Videos und so, und jetzt kommt die und macht alles kaputt.

MARIA Du kannst das doch so einstellen, dass die anderen nicht sehen, was sie dir schickt. Du kannst so verschiedene Gruppen machen.

BORIS Das hab ich doch schon gemacht, Mann, aber all meine Freunde haben meine Mutter schon geadded, und dann bekommt sie trotzdem alle News und Bilder, und dann heißt's zu Hause wieder: »Ist das eine Schorle oder ein Cocktail, was du da in der Hand gehabt hast?« Oder: »Oh, der Thomas schaut aber gut aus und macht so interessante Sachen, willst du dich nicht mal wieder mit ihm verabreden?« Mann, die schnallt das nicht. Nur weil man im Internet gut aussieht, sieht man doch nicht in echt gut aus. Sie hat voll keine Ahnung von Schein, Sein, Realität, FB und so. Wenn ich an meine Pinnwand schreibe: »Fucking day«, dann fragt sie mich: »Oh, was ist los? Warum bist du so traurig?«

MARIA Ach du Scheiße.

BORIS Sag ich doch, Mann. Und nächstes Jahr wollte ich

für ein Austauschjahr nach Amerika, aber ich kann ja gleich zu Hause bleiben, wenn sie sowieso alles mitbekommt. Und dann chattet sie mit meiner Exfreundin. »Ach, weißt du, ich hab sie halt so gern gehabt.« Und jetzt ist meine Mutter auch mit der Mutter meiner Exfreundin befreundet. Die haben sich noch nie gesehen. Ich dreh durch.

MARIA Vielleicht sollt ich doch mal mit ihr reden.

BORIS Das kannst du vergessen, Mann. Ich hab zu ihr gesagt: »Mama, du darfst dich nicht mit meinen Freunden befreunden.« Dann hat sie gesagt: »Aber du hast doch selbst gesagt, dass Facebook-Freunde keine richtigen Freunde sind.« Dann hab ich gesagt, dass ihr Profil extrem peinlich ist, dass sie nur 46 Freunde hat und die Hälfte meine sind.

MARIA Und was hat sie dann gesagt?

BORIS Dann hat sie mich aus der Wohnung geschmissen.

MARIA Aber weißt du, so ist das eben: Transparenz, Internetfreiheit, globale Vernetzung, freie Rede und so.

BORIS Aber was soll ich denn jetzt machen?

MARIA Kannst ja aus Facebook austreten.

BORIS Bist du wahnsinnig. Die haben seit letzter Woche eine Milliarde Nutzer.

MARIA Deine Mutter braucht halt ein richtiges Coaching. Welcher Depp hat ihr denn gezeigt, wie alles geht?

Pause.

BORIS Ich.

Sturm

BEAT

LUCIEN

Beat und Lucien sitzen in der Badi und lassen ihre Füße im Wasser plantschen.

BEAT Und? Wiä gaht's?
LUCIEN Guet.
BEAT Job?
LUCIEN Guet, alles guet.
BEAT D Frau?
LUCIEN Guet, es gaht ire guet.
BEAT D Chind?
LUCIEN Guet, beidne guet.
BEAT Guet.

Pause.

LUCIEN Und bi dir?
BEAT Beschtens, s Büro lauft, d Frau hät sich sälbschtändig gmacht, und de Lukas hät e Leerschtell gfunde.
LUCIEN Beschtens.
BEAT Es gaht ois beschtens.

Pause.

LUCIEN Obwohl, ich weiß nöd, aber … Ich fühl mich
so … Sit längerem fühl ich mich so unruhig.

BEAT Ah ja?

LUCIEN Ja, du nöd?

BEAT Ich? Nei, wieso ich?

LUCIEN Nei, nei, es isch … Ich weiß nöd … Es isch so
nes Gfühl wiä …

BEAT Wiä denn was?

LUCIEN D Rue vor em Schturm. Gschpüürsch die nöd?

BEAT Was für en Schturm?

LUCIEN Ich weiß au nöd, aber … so wiä mir jetzt daho-
cked. Ich weiß nöd, wie lang mir so chönd dahocke.

BEAT Also, ich gschpüür nüt. – Wäge was denn en
Schturm?

LUCIEN Wäg allem zäme. Weisch, so, dass es richtig
chlöpft. All die mega riichä Lüt in Europa, wo immer
riicher werded, und all die arme Lüt, wo wägedem
immer ärmer werded, die sind doch hässig. Und wänn
all die Arme nöd chönd schaffed, dänn gits kei Schtüürgälder. Und wenns nieneds Schtüürgälder git, sind d
Schtaate hässig. Und wänn d Schtaate nüme chönd in-
veschtiere, dänn gits keis Wachstum. Und wänns keis
Wachstum git, sind d Manager hässig. Aber wänn all
die Arme zu ois chömed, dänn sind mir hässig. Und
wäg dä Flüchtling sind sowieso all scho hässig. Und
wenn Dütschland dänn für all die Staate und für d
Manager und für d Flüchtling mues zaale, werded die
Dütsche hässig. Aber wenn die Dütsche nüt zaaled,

69

sind alli andere hässig. Und wenn d EU bliibt, dänn sind d Nationalischte hässig, aber wenn d EU bachab gaht, isch die ganz Welt hässig. Und wenn ich dra dänke, dass wäg all dem miis Erschparte chönd futsch gah, mini Mieti türer wird und de schtarchi Franke mis Gschäft abwürgt, chönt ich jetzt scho hässig werde. Und wänn all echli hässig sind uf dem Kontinänt, isch das no nie guet cho. Dänn mues nur öppis passiere, weisch, öppis, wo wiä de Blitz ischlaat: en Amokläufer oder en Terroraschlag. Und wänn das passiert, sind alli so megakrass hässig, und dänn gits dä großi Schturm.

BEAT   Also, ich gschpüüre nüt. – Das isch doch scho immer so gsi, dass de eint oder de anderi hässig gsi isch. Und es mues ebe alles zerscht emal in Chäller sause, damit d Wirtschaft dänn wider chan wachse. Das isch scho immer so gsi. Also, ich gschpüüre nüt.

Pause.

LUCIEN   Du, vilicht gschpüürsch du nüt, will mir im Aug vom Schturm sind.

BEAT   Hä?

LUCIEN   Ja, weisch vilicht isch de Schturm scho lang daa. Vilicht häts scho längscht donneret und blitzt, und all händ kei Aarbet und wüssed nöd, wies iri Chind söled durebringe. Vilicht sind mir all scho im Schturm, wo alles duregwirblet hät. Aber mir gschpüüred das nöd, will mir da in Mitteleuropa ebe im Aug vom Schturm sind.

BEAT   Das isch doch en Seich.

LUCIEN Nei, nei, weisch, meteorologisch gseh händ scho vill, wo im Aug vom Schturm gsi sind, dänkt, de Schturm seg verbii. Und dänn sinds us ire Hüüser use, und zack! hätt sis i de Luft zerfätzt. Und dänn chasch zueluege, wo dis Büro hiiflüügt und dini Frau anegheit und ob de Lukas no sini Leerschtell hätt.

BEAT Gömer langsam?

LUCIEN Wieso?

BEAT Uf de andere Seesiite fangts a rägne.

Lucien guckt in den grauen Himmel.

LUCIEN Also ich gsäh nüt.

Feierabend

ROBERT

BARKEEPERIN

Robert sitzt nach Feierabend in einer Bar in der Nähe des Paradeplatzes.

ROBERT Ich nehm noch ein Bier.

BARKEEPERIN Du hast doch ein volles Glas.

ROBERT Jetzt gib mir einfach noch ein Bier.

BARKEEPERIN Bist du nervös?

ROBERT Wie kommst denn darauf?

BARKEEPERIN Na ja, wegen der Entlassungen. Das steht doch überall, dass die UBS zwei Drittel des Investmentbankings aufgibt und 10 000 Stellen streicht …

ROBERT Ja, aber mir kündigen sie nicht. Mich brauchen sie ganz sicher.

BARKEEPERIN Ah, super.

ROBERT Aber all meine Kollegen zittern. Die kommen seit letzter Woche völlig verängstigt ins Büro, haben Angst, dass ihre Zugangsbadges nicht mehr funktionieren, haben Angst, dass man ihnen in den Rücken schießt, sobald sie sich umdrehen, und fordern plötzlich »Menschlichkeit« und »Loyalität«, dabei wissen

72

sie erst seit letzter Woche, wie man das ausspricht. Jetzt gib mir noch ein Bier.

BARKEEPERIN Zum Wohl.

ROBERT Auf die Zukunft!

BARKEEPERIN Auf die Zukunft.

ROBERT Und alle in der Bank machen so auf gute Stimmung, aber heimlich haben sie Blähungen, lesen den Stellenanzeiger und betrinken sich abends …

BARKEEPERIN Ach was.

ROBERT Na klar, du musst dir das mal vorstellen, wenn die ihre Löhne nicht mehr kriegen, müssen sie ihr Auto verkaufen, ihr Haus verkaufen, ihr Wochenendhaus und ihr Ferienhaus verkaufen. Und dann werden sie von ihren Frauen für einen aus der Telekommunikationsbranche verlassen und werden Kellner oder so. Oh, sorry …

BARKEEPERIN Ist okay.

ROBERT Also gib mir noch ein Bier.

BARKEEPERIN Zum Wohl.

ROBERT Auf die Zukunft!

BARKEEPERIN Auf die Zukunft … Mein Chef sucht übrigens gerade jemanden, der ihm ein bisschen die Buchhaltung macht, also wenn einer deiner Kollegen …

ROBERT Wie viel würde der verdienen?

BARKEEPERIN Um die viereinhalbtausend Franken.

ROBERT Vergiss es, davon kann keiner leben. Gibst du mir noch ein Bier?

BARKEEPERIN Aber das war doch eine mutige Entscheidung von der UBS, das Investmentbanking krass zu verkleinern, oder nicht?

ROBERT Jetzt fang nicht auch noch an, so zu labern. Das ist überhaupt nicht mutig. Ein, zwei Jahre, und wir hätten der Bank die Kohle wieder reingebracht.

BARKEEPERIN Ich weiß nicht, da wurde doch richtig viel Geld verspielt.

ROBERT Aber wenn sie uns nicht fertigspielen lassen, müssen sie sich auch nicht wundern, wenn wir nicht gewinnen. Gibst du mir noch ein Bier?

BARKEEPERIN Na gut, zum Wohl!

ROBERT Auf die Zukunft! Und jetzt reden alle so, als ob der CEO der Bank ein Revolutionär wäre. Ich mein, wenn du das machst, was dein Opa schon gemacht hat, bist du doch nicht revolutionär. Gibst mir noch ein Bier?

BARKEEPERIN Hab ich doch eben.

ROBERT Ach so. Auf die Zukunft!

BARKEEPERIN Vielleicht ist das heutzutage, wo alle so in die Zukunft wollen, ja wirklich eine Revolution, wenn man etwas macht, was man früher bereits gemacht hat. In meinem Geschäft machen wir seit über dreitausend Jahren das Gleiche.

ROBERT Und drum wird man in deinem Geschäft auch nicht reich.

BARKEEPERIN Weil wir ehrliche Leute sind und kein Bier ausschenken, wenn wir keines mehr haben.

ROBERT Was willst denn jetzt damit sagen?

BARKEEPERIN Dass ich zumachen muss, es ist total spät, Feierabend.

ROBERT Bist du wahnsinnig? Ich bescher dir hier dein Geschäft des Monats, und du schmeißt mich raus?

BARKEEPERIN Ich bekomm 156 Franken.

ROBERT Also gut, ich …ähm … ich …ähm … Kann ich anschreiben lassen?

BARKEEPERIN Nein.

ROBERT Was? Warum? Ich bin seit Jahren ein guter Gast.

BARKEEPERIN Weil der Steuerzahler mich nicht rettet, auch wenn die Gesellschaft ohne Bars garantiert eher zusammenbricht als ohne die UBS.

ROBERT Aber … aber ich kann das Geld doch nicht herzaubern.

BARKEEPERIN Also, nimmst du jetzt den Buchhalterjob, ja oder nein?

Babyboom

FRAU LÜTHI,
ROCKI, ihr Hund

Frau Lüthi steht in ihrer Wohnung und reißt das Fenster auf.

FRAU LÜTHI Wer schreit denn da so rum? Gebt doch endlich mal Ruhe!

Sie knallt das Fenster zu und spricht zu ihrem Hund.

Mein Gott, Rocki, jetzt haben die Duponts von nebendran auch noch Zwillinge bekommen, da fragt man sich schon, ob es in diesem Land überhaupt noch die Pille gibt. Wir kommen doch jetzt schon gar nicht mehr in die eigene Wohnung, weil der Eingang mit Kinderwagen vollgestopft ist. Und die Frau Stämpfli von oben hat auch wieder einen dicken Bauch und hat mich mit diesem strahlenden, dicken Kopf angeguckt, den die schwangeren Frauen immer kriegen, und hat gesagt, das sei jetzt doch eine Überraschung gewesen, dass sie wieder schwanger sei. Und da hab ich nur für mich gedacht, dass man doch inzwischen genug aufgeklärt sei, wie denn nun der Samen in das Ei käme, und trotzdem sind die jungen Männer und Frauen jedes Mal ganz erstaunt, dass die Apparaturen zwischen den Beinen eben doch funktionieren, wenn sie mal das Verhüterli auslassen.

Es ist mir überhaupt ein Rätsel, warum gerade jetzt wieder der Kinderboom ausgebrochen ist. Seit 1968 sind nicht mehr so viele Babys wie in diesem Jahr in Zürich und Bern rausgepresst worden. Dabei haben wir doch mit der Ablehnung des Familienartikels ein klares Signal gesendet, dass es jetzt langt mit der Babywäsche, die nach Durchfall stinkt und die an meinem Waschtag in der Waschküche herumliegt, weil sich der Kleine schon wieder in der Krippe angesteckt hat.

Ach Rocki, wahrscheinlich haben all die Kleinkinder eben doch damit zu tun, dass die jungen Menschen nicht mehr die Zeitung lesen. Sonst würden sie ja sehen, dass sich das mit der Fortpflanzung gar nicht mehr lohnt: Die Wirtschaft hat sich selbst verloren, die Moral ist flöten gegangen, und den verrückten Kim Jong Un werden die unschuldigen Kinderaugen auch nicht daran hindern, auf den roten Knopf zu drücken.

Vielleicht wollen die jungen Mütter und Väter aber doch nur ihre Altersvorsorge retten. Oder es ist gerade Mode, ein Kind an sich rumzutragen. Oder es ist diese neue Hoffnung, dass es einfacher geworden ist, jetzt, wo auch die Väter mithelfen und wo doch tatsächlich im Fernsehen ein Mann gefragt wurde, wie er denn Familie und Beruf unter einen Hut kriegen würde. Und da hat man es ihm direkt angesehen, dass er genauso wenig weiß, wie man einen Holle-Brei zubereitet, wie es mein Manfred damals gewusst hat.

Frau Lüthi reißt wieder das Fenster auf.

FRAU LÜTHI Welcher Balg schreit denn da schon seit Stunden rum!? Es gibt noch Leut, die nachdenken müssen!

Sie macht das Fenster wieder zu.

FRAU LÜTHI Wenn es doch wenigstens die eigenen Enkelkinder wären, da könnt ich es grad noch aushalten, aber die hocken ja in Singapur und reden irgendeine Sprache, die das eigene Grosi nicht versteht, und besuchen einen nur, wenn sie auf dem Weg in die Berge sind, weil sie ja lieber Ski fahren, als mit dir zu spielen, Rocki. Ja, so ist es, die wirkliche Familie gibt es schon längst nicht mehr, aber die jungen Eltern klammern sich an die Familie, als wäre es ein seltener Rohstoff, und decken sich Kind für Kind mit Liebe ein, aber kaum sind die Kinder aus der Schule, stecken sie ihre Liebe ganz woandershin, und man selbst bleibt ausgemergelt zurück.

Es klingelt an der Tür, Frau Lüthi macht wütend auf, der fünfjährige Tom steht da.

TOM Mama hat mir heut gesagt, dass wenn das Ding in ihrem Bauch auf die Welt kommt, ich dann mit dem Ding mein Zimmer teilen muss, und da bin ich so bös geworden und hab so geschrien, dass der Papa gesagt hat: Dann geh doch zu Frau Lüthi, und schrei mit ihr aus dem Fenster raus, dann regst du dich vielleicht wieder ab. Und jetzt wollt ich fragen, ob Sie denn auch mit mir zusammen aus dem Fenster schreien täten?

Paartherapie

HERR STAAT

FRAU BEVÖLKERUNG

THERAPEUT

THERAPEUT Wir sind heute zusammengekommen, weil Sie um Hilfe gebeten haben. Es besteht zwischen Ihnen ein sogenanntes Misstrauensverhältnis, wodurch es für Sie beide schwierig geworden ist, weiter zusammenzuleben. Ist das richtig?

BEVÖLKERUNG Genau so ist es.

STAAT Wenn die Bevölkerung es so genau weiß, dann ist es anscheinend so.

THERAPEUT Ich bitte Sie, Herr Staat, meine Fragen nur zu beantworten. Bewerten Sie nicht, sondern beschreiben Sie nur. Herr Staat, woran liegt es, dass Ihre Partnerin Ihnen nicht traut, haben Sie eine Idee?

STAAT Keine Ahnung. Ich hab sowieso das Gefühl, dass egal, was ich tue, sie immer unglücklich ist und mir irgendetwas Böses unterstellt. Dabei gebe ich mir seit Jahren Mühe, ich passe auf sie auf, organisiere Feste, informiere sie über all meine Handlungen. Ich lege alles offen …

BEVÖLKERUNG So ein Quatsch, ich muss dich manchmal hundertmal fragen, wo du warst, und kriege keine Antwort …

THERAPEUT Lassen Sie Ihren Partner aussprechen, Frau Bevölkerung, Sie sind gleich dran.

STAAT Natürlich mache ich ab und zu Fehler, ich bin auch nur ein Mensch. Und ich stehe offen zu meinen Fehlern. Aber wenn sie dann weiter auf mir rumhackt, dann glaub ich irgendwann selbst, dass ich unfähig bin, und dann bin ich wie gelähmt.

THERAPEUT Wie erleben Sie das, Frau Bevölkerung?

BEVÖLKERUNG Ich fühle mich von ihm einfach nicht ernst genommen. Ich hab den Eindruck, dass er die ganzen Feiern und Reden nur macht, um mich stillzuhalten, aber in Wahrheit nimmt er meine Gefühle gar nicht ernst.

THERAPEUT Was sind das für Gefühle, die er nicht wahrnimmt?

BEVÖLKERUNG Manchmal … Manchmal habe ich Angst.

THERAPEUT Angst? Herr Staat, haben Sie gewusst, dass Ihre Partnerin Angst hat?

STAAT Ja, natürlich, ich mach doch den ganzen Tag nichts anderes, als mich um sie zu kümmern.

THERAPEUT Können Sie beschreiben, wovor Ihre Partnerin Angst hat?

STAAT Ich weiß nicht … schwierig … Vielleicht hat sie Angst, dass ihr Leben anders wird.

THERAPEUT Aha, Sie meinen also, dass Ihre Partnerin sich in ihrer Identität bedroht fühlt? Ist das so, Frau Bevölkerung?

BEVÖLKERUNG Ja genau, das ist es. Ich fühle mich in

meiner Identität bedroht, weil er meine täglichen Gewohnheiten und Bräuche gar nicht ernst nimmt. Ich hatte mir die Partnerschaft ganz anders vorgestellt, viel ruhiger und ausgeglichener, aber er weigert sich zum Beispiel, auf unsere Kleinkinder aufzupassen, und manchmal lädt er Leute ein, ohne mich zu fragen …

STAAT Ohne dich zu fragen? Finde mal einen Staat, der wegen jeder Kleinigkeit seine Frau Bevölkerung um ihre Meinung bittet, da kannst du lange suchen, ha!

BEVÖLKERUNG Ich will doch nur, dass du mir zuhörst, wenn ich Sorgen habe!

STAAT Aber deine Sorgen wechseln ja jeden Tag! Einmal willst du dies, einmal willst du das, ich weiß zum Himmel nicht mehr, was ich machen soll. Und dann willst du alles aufs Mal: ein pralles Konto, aber keine Risiken, eine billige Putzfrau, aber keine Ausländer, eine Wochenendwohnung, aber kein zugebautes Land. Du willst die harte Linie fahren und dann trotzdem wieder kuscheln, wie soll denn das gehen?

BEVÖLKERUNG Das hattest du mir aber alles versprochen!

STAAT Ich habe von Anfang an gesagt, dass es schwierige Zeiten geben wird!

BEVÖLKERUNG Was?! Du hast mir das Blaue vom Himmel versprochen!

STAAT Sie macht immer so ein süßes Gesicht, wenn sie sauer ist.

BEVÖLKERUNG Du bist so ein Arsch …

THERAPEUT Ruhe bitte! Wir atmen nochmals tief durch. So. Frau Bevölkerung, Sie haben gesagt, dass Sie sich

Ihre Beziehung anders vorgestellt haben. Hat Ihr Partner Ihr Leben zum Schlechten verändert?

BEVÖLKERUNG Ja ... Nein, es gibt auch Dinge, die schön sind, die ich ohne ihn wahrscheinlich nie kennengelernt hätte.

THERAPEUT Wie ist denn Ihr Leben im Moment?

BEVÖLKERUNG Mein Leben? Eigentlich ist es ... ja, es ist ... Eigentlich geht es mir super. Ja, ich habe eigentlich keine Probleme, wenn da nur unsere Beziehungsprobleme nicht wären.

THERAPEUT Sehr gut, morgen machen wir genau da weiter.

Business-Song

BUSINESS-MANN

So:
If you are rich, rich, rich, my friend,
if you are one of the richest in this world, my friend,
than it's either because you've inherited, my friend,
or it's because you're a cruel businessman,
or it's because you're an artist!

So:
If I could choose, my friend,
I would not like to be a cruel businessman,
like me, my friend.
I would prefer to be an artist!

Because:
If you are an artist, my friend,
you can say: fuck capitalism, man!
And for this, you get the money, my friend,
from the cruel and the bad businessman,
but you stay clean, because you're an artist!

So:
If I could choose, my friend,
I would not like to be a cruel businessman,
like me, my friend.
I would prefer to be an artist!

Because:
If you are an artist, my friend,
you get the money from the businessman,
and the money from the inheritor, man,
and everybody loves you, my friend,
and you stay clean, my friend,
you stay clean, my friend.
And you don't die fat and ugly, my friend,
like me, like the businessman.
No: you live forever, forever, my friend,
in the heart of the people, my friend.
And why?
Because you are an artist!

So:
If you did not inherit, my friend,
and you don't have the guts to be a cruel businessman.
But you still wanna rule this world, my friend,
then, my friend, then, my friend,
make sure that you become a great artist!

Staatsgrosi

ANJA

MUTTER

Anja bringt ihre zwei kleinen Kinder zu ihrer Mutter.

ANJA Hoi, Mami.

MUTTER Hoi, mein Schatz.

ANJA Der Moritz hat eine Schnuddernase und hustet ein bisschen, ich hoffe, er wird nicht krank. Und die Lise will seit Tagen partout ihre Zähne nicht putzen …

MUTTER Mit mir tut sie immer Zähne putzen, mein Schatz, das schaff ich schon.

ANJA Ich komme sie so gegen halb vier abholen. Danke, Mami, ohne dich würd ich das alles gar nicht schaffen.

MUTTER Das mach ich doch uu gern.

ANJA Bis nachher.

MUTTER Du, Anja?

ANJA Ja?

MUTTER Bevor du gehst, hab ich noch etwas mit dir besprechen wollen.

ANJA Ja?

MUTTER Also … Nächste Woche kommt doch diese Familieninitiative zur Abstimmung, und wenn sie angenommen wird, dann bekommen du und dein Harald ja eine Art Betreuungsgeld, weil du nicht arbeitest und auf die Kinder aufpasst.

ANJA Ja?

MUTTER Da hab ich gedacht … Also, vielleicht könntet ihr mir ein wenig von dem Betreuungsgeld abgeben, das ihr dann bekommt, weil ihr die Kinderkrippe nicht in Anspruch nehmt?

ANJA Was?

MUTTER Ja, nur ein bisschen, weißt du, damit ich meine Unkosten …

ANJA Mami, ich kann dich doch nicht dafür bezahlen, dass du auf deine Enkel aufpasst!

MUTTER Es ist ja mehr so ein Zustupf. Es ist ja schon sehr anstrengend mit den Kindern, besonders seit der Moritz auf der Welt ist. Und allein die Kosten, die ich habe, weil ich mich immer bei den Kleinen anstecke, ich bin doch fast jeden Monat in der Apotheke.

ANJA Aber du hast doch gesagt, du machst es uu gern?

MUTTER Ja natürlich, aber wenn jetzt jeder, der auf ein Kind aufpasst, finanziell belohnt wird, ist es doch nur gerecht, wenn ich auch …

ANJA Jetzt wissen wir doch noch gar nicht, ob die Familieninitiative überhaupt angenommen wird oder nicht.

MUTTER Ganz sicher wird die angenommen, du hast selbst gesagt, dass die beiden Goofen mehr Büez sind als der Hundert-Prozent-Job von Harald.

ANJA Ja Mami, aber das ist doch nicht ein Job, das ist doch die freie Entscheidung von mir und Harald, ob wir Kinder machen oder nicht.

MUTTER Komm, Kleines, lass uns nicht darüber diskutieren, ich red mit deinem Harald über die Finanzen.

ANJA Wieso mit Harald? Das Betreuungsgeld wäre doch für die Frau gedacht, also für mich.

MUTTER Nein, Kleines, Harald verdient den Stutz, er zahlt die Steuern, also kriegt er den Familien-Steuerabzug und nicht du.

ANJA Was?

MUTTER Kleines …

ANJA Nenn mich nicht Kleines, Mami!

MUTTER Anja, wir haben uns doch nicht deswegen streiten wollen.

ANJA Das tun wir doch bereits. Und überhaupt habe ich seit dieser Familieninitiative Puff mit der ganzen Familie. Haralds Schwester hat schon angerufen, dass sie in Zukunft gern einen »Dank« für ihren Zmittag hätte, wo die Kinder einmal in der Woche zu Besuch sind. Die kleine Lise hat mich gefragt, ob sie denn einen Fünfliber bekäme, wenn sie sich eine Stunde selbst beschäftigen könnt, und der Harald redet seit einer Woche kein Wort mehr mit mir.

MUTTER Aber warum ist denn der Harald hässig?

ANJA Weil ich wieder arbeiten will.

MUTTER Da hat der Harald aber recht, Kleines, das ist doch nun wirklich der ungünstigste Zeitpunkt, jetzt, wo das Betreuungsgeld …

ANJA Ich will mich doch nicht von dieser Initiative bestechen lassen. Ich will jetzt endlich meine eigene Firma gründen.

MUTTER Ich will, ich will … Denk doch auch an deine Kinder. Du wolltest doch nie Staatskinder!

ANJA Jetzt will ich vor allem keine Staatsgelder!

MUTTER Was willst du denn überhaupt für eine Arbeit machen? Du kannst doch gar nichts anderes, als auf Kinder aufzupassen. Kleines, was soll denn das für eine Firma werden?

ANJA Eine Kita.

Schweizer Migrationsamt

HERR C.

BEAMTIN

HERR C. Guten Tag.

BEAMTIN Was kann ich für Sie tun?

HERR C. Mein Visum für die Schweiz läuft ab, und ich würde gern eine Aufenthaltsbewilligung beantragen.

BEAMTIN Oh, das wird schwierig. Wie Sie vielleicht wissen, hat das Schweizer Volk am 9. Februar 2014 die Initiative gegen die sogenannte Masseneinwanderung angenommen. Wir haben jetzt eine strenge Kontingentspolitik.

HERR C. Aha?

BEAMTIN Wir müssen nämlich erst mal klären, in welche Ausländerkategorie Sie gehören, um dann herauszufinden, ob für Ihre Ausländergruppe das Kontingent noch nicht ausgeschöpft ist.

HERR C. Ach so …

BEAMTIN Fangen wir an: Woher kommen Sie?

HERR C. Aus Russland.

BEAMTIN Oh, das wird schwierig, da haben wir kaum noch Kontingente. Es kommt darauf an, was Sie in der Schweiz machen möchten? Eine Briefkasten- oder

Rohstofffirma gründen? Fallen Sie in diese Kategorie?

HERR C. Nein, ich möchte einfach arbeiten.

BEAMTIN Oh, das wird schwierig, wir haben nur noch Arbeitskontingente beim Pflegepersonal, bei den Putzkräften, Cabarettänzern, Boni-Bankern, Gefängniswärtern und Sportlern, Letzteres aber nur in der Topkategorie. Also, können Sie gut mit alten Menschen umgehen?

HERR C. Ich bin Geschäftsmann.

BEAMTIN Oh, das wird schwierig, außer Sie bringen uns einen Beweis, dass Sie dem »gesamtwirtschaftlichen Interesse« der Schweiz dienen. Fallen Sie in diese Kategorie?

HERR C. Darum geht es doch nicht, hören Sie, ich wurde in Russland verfolgt, eingesperrt und gedemütigt. Ich kann nicht in mein Land zurück!

BEAMTIN Da müssen wir gar nicht weitersprechen. Das Flüchtlingskontingent ist so klein, dass es schon längst aufgebraucht ist. Seit Frankreich die 75-%-Steuer für Millionäre eingeführt hat, werden wir von französischen Flüchtlingen überschwemmt.

HERR C. Aber ich werde politisch verfolgt!

BEAMTIN Das sagen sie alle. Es tut mir leid. Bei den Flüchtlingskontingenten ist nur noch für Millionäre und Diktatorenkinder was frei. Fallen Sie in diese Kategorien?

HERR C. Ich habe tatsächlich mehrere Millionen.

BEAMTIN Sagen Sie das doch gleich. Was möchten Sie mit Ihren Millionen in der Schweiz machen? Einen Fußballclub kaufen, ein Luxusresort bauen, investieren oder Dauerkonsum betreiben?

HERR C. Ich weiß es nicht, mein Geld wurde eingefroren.

BEAMTIN Oh, das wird schwierig. Vielleicht überlegen Sie es sich doch noch mal mit dem Gefängniswärterjob?

HERR C. Jetzt reicht's, meine Frau und meine Kinder leben seit einer Weile in der Schweiz. Die gehen hier sogar in die Schule!

BEAMTIN Das Kontingent für Familiennachzug ist ganz klein, längst aufgebraucht, das können Sie gleich vergessen.

HERR C. Hören Sie zu, ich kann nicht mehr. Ich will bei meiner Familie bleiben und endlich zur Ruhe kommen!

BEAMTIN Das Einzige, was ich Ihnen für »zur Ruhe kommen« anbieten kann, ist im Bereich Touristenkontingente. Als wohlhabender Ferientourist können Sie weitere drei Monate bleiben.

HERR C. Bitte, helfen Sie mir doch, es geht um mein Leben!

BEAMTIN Fürs Leben haben wir gar keine Kontingente, aber beim Kontingent für Sterbetouristen ist noch jede Menge Platz.

HERR C. Sterben? Dann kann ich ja auch in Russland bleiben.

BEAMTIN Das ist alles, was ich für Sie tun kann.

HERR C. Dann ... Dann überlege ich es mir doch noch mal mit dem Cabarettänzer.

BEAMTIN Gut, dann nehme ich erst mal Ihre Personalien
    auf. Können Sie Ihren Namen buchstabieren, bitte?
HERR C. C-h-o-d-o-r-k-o-w-s-k-i.

Stadt, Land, Agglo

FRÄNZI, 16 Jahre alt
MUTTER
VATER

1. Szene
Auf dem Land. Die Mutter wäscht ab, Fränzi kommt in die Küche.

FRÄNZI Du, Mami?
MUTTER Ja?
FRÄNZI Ich weiß jetzt, wo ich meine Coiffeurlehre machen möchte.
MUTTER Ah ja?
FRÄNZI In Züri.
MUTTER In der Stadt? Nein, mein Liebes, die Stadt, das ist … das ist viel zu gefährlich.
FRÄNZI Das ist doch nicht gefährlich.
MUTTER Sicher ist das gefährlich. Du weißt ja gar nicht, wie viele in so einer Stadt auf einem Fleck zusammenleben, da wird man ganz aggressiv, und drum gibt es dort auch so viele Kriminelle.
FRÄNZI Ich muss dann einfach ein bisschen mehr aufpassen als hier.

MUTTER Da langt ein bisschen mehr aufpassen nicht: Nach Mitternacht kannst du nicht mehr auf die Straße. Da sind alle alkoholisiert und schlagen zu.

FRÄNZI Das war früher so, Mami, aber doch nicht mehr heute.

MUTTER Aber sicher, heute noch viel mehr. Musst ja nur schauen, wie die Wahlergebnisse in der Stadt sind: Die verschenken dort bei Tageslicht auf offener Straße Heroin. Aber gleichzeitig wollen die, dass man die Armeewaffen verbietet. Wie soll denn das gehen? Wie soll man sich wehren ohne Waffe, wenn die Drögeler kommen, die vom Staat gratis von oben bis unten vollgepumpt werden? Und das sind ja nicht die Einzigen. Dort gibt's auch einen Haufen frustrierte Arbeitslose, Asylanten und Psychospinner.

FRÄNZI Aber in der Stadt wohnen auch ganz viele normale Leute.

MUTTER Ja, kannst denken, Sozialfälle, Zuhälter, Minarette und Künstler wohnen da.

FRÄNZI Aber der Papi lebt doch auch in Züri.

MUTTER Ja, kannst ja sehen, was aus ihm geworden ist. Seine Haut ist ganz grau von der schlechten Luft und dem ungesunden Zeugs, was die da essen. Glaub mir, mein Liebes, ich bin doch mal da gewesen, das Leben in der Stadt ist gefährlich. Grad für so hübsche Mädchen wie dich.

FRÄNZI Aber die Lehre soll da besonders gut sein und bekannt.

MUTTER Ja, das kann ich mir schon denken, was die da alles für Frisuren lehren, wo man danach völlig entstellt ausschaut und nicht mehr weiß, ob man eine Frau oder ein Mann ist. Fränzi, du gehst mir nicht in die Stadt. Hier auf dem Land gelten noch die Schweizer Werte: Wir haben Sicherheit, ein gutes Miteinander und sind realistisch.

2. Szene
In der Stadt. Der Vater wäscht ab, Fränzi kommt in die Küche.

FRÄNZI Du, Papi?

VATER Ja?

FRÄNZI Ich glaub, ich will die Coiffeurlehre doch lieber nicht hier machen, sondern daheim.

VATER Nein, Fränzi, kommt überhaupt nicht in Frage, auf dem Land ist es viel zu gefährlich.

FRÄNZI Was?

VATER Aber sicher. Du gehst mir nicht zu den jungen Burschen, die auf dem Dorfplatz rumhängen. Denen ist so langweilig, dass sie sich mit Drogen vollpumpen. Dann wollen sie in dem Zustand mit dem Auto ins nächste Dorf, und zack! sind sie tot. Du bleibst mir in der Stadt und kommst nach dem Ausgang mit Tram und Bus nach Haus.

FRÄNZI Ich nehm doch keine Drogen, Papi.

VATER Ja, das sagst du jetzt, aber wenn du auf dem Land bleibst und kein Kino und keinen Club hast, will ich nicht wissen, was für Flausen in deinem Kopf entstehen. Da wirst du mir noch schwanger, bevor es dir lieb ist.

FRÄNZI Das kann mir in der Stadt auch passieren.

VATER Ja, aber dann hast du wenigstens einen Doktor um die Ecke, bei dem du die Pille-danach bekommst, und musst nicht ins nächste Dorf fahren, bis alles zu spät ist.

FRÄNZI Papi!

VATER Nein, und sobald es dunkel wird, kannst du gar nicht auf die Straße, weil du ungesehen vergewaltigt wirst von irgendeinem Verrückten, der sich in seiner Einsamkeit die furchtbarsten Phantasien zusammendenkt. Grad so ein schönes Mädchen wie du. Da kannst du schreien, so laut du willst, es hört dich keine Sau. Ich komme um vor Sorge!

FRÄNZI Jetzt hör aber auf!

VATER Du musst doch nur die Abstimmungsergebnisse anschauen: Die haben alle eine Waffe im Schrank und wollen die auch behalten. Kannst dir ja denken, dass sie ihre Gewehre nicht nur anschauen, sondern benutzen wollen. Und du mit deinem dunklen Haar könntest glatt als Ausländerin durchgehen.

FRÄNZI Ich hatte bis jetzt noch nie Probleme.

VATER Außerdem will ich gar nicht wissen, was für Frisuren die auf dem Land lehren, wo man nachher ausschaut wie vor hundert Jahren und damit keinen Stutz verdient, weil die Kundschaft wegstirbt. Fränzi, du kommst mir in die Stadt. Hier gelten noch die Schweizer Werte: Wir haben Sicherheit, ein gutes Miteinander und sind realistisch.

FRÄNZI Ich zieh in die Agglo.

New Advertising

WERBER

LEA

WERBER Haben Sie schon eine Idee, in welche Richtung Sie Ihr Produkt bewerben wollen?

LEA Na ja, vielleicht ein Film, in dem ein junger Mann total im Stress ist, weil sein Date gleich zum Essen kommt und er nichts vorbereitet hat. Dann schiebt er schnell ein paar Lebensmittel in sein neues KochFix®-Gerät, fertig ist das Festessen, und sie ist hin und weg.

WERBER Hm ... Weiß nicht.

LEA Wir könnten den jungen Mann mit einem berühmten Schauspieler besetzen?

WERBER Nein, Sie wollen ein zeitgenössisches Kochgerät verkaufen, also brauchen Sie zeitgenössische Internetwerbung. Früher hat die Werbung alles gemacht, um aufzufallen: Banner, Berühmte, Nackte und Neonfarben. Aber die Konsumentenhirne sind inzwischen so konditioniert, dass sie herkömmliche Werbezeichen ausblenden. Deshalb heißt es heute camouflieren statt bombardieren. Nur der Konsument, der nicht merkt, dass er sich für ein Produkt interessiert, interessiert sich wirklich für das Produkt.

LEA Wie?

WERBER Vorschlag eins: Wir gehen für Sie auf die herkömmlichen Koch- oder Ratgeberseiten und setzen eine fiktive Frage rein: *Hilfe! Ich hab einen total süßen Typen zum Essen eingeladen, habe aber kaum Zeit und kann nicht kochen, was soll ich tun???* Dann antworten wir: *Hey Lea, ich hab mir dieses Gerät von KochFix® gekauft, das ist der absolute Hammer. Zutaten reinlegen, und das Gerät gart, mixt und würzt von selbst. Das Ding ist teuer, aber lohnt sich! Viel Glück mit dem Date ... Deine Kochfee.*

LEA Aha ...

WERBER Vorschlag zwei: Sie schreiben den wichtigsten Koch- und Tagebuchbloggern eine nette Mail, in der Sie ihnen ein Gratis-KochFix®-Gerät versprechen, wenn sie es zehnmal unauffällig in ihrem Blog nennen, inklusive ein Handy-Shot von der mit KochFix® zubereiteten Mahlzeit.

LEA Aha ...

WERBER Vorschlag drei: Wir produzieren ein Handyfilmchen, das so aussieht, als wäre es zufällig aufgenommen worden. Sie machen Ihre Wohnung etwas unordentlich und lassen Ihre Babytochter auf das KochFix® zukrabbeln und dann aus Versehen auf einen der Knöpfe drücken. Das Gerät fängt an zu laufen, das Baby schaut mit großen Augen, der Deckel schnellt hoch, fertig ist der Kartoffelbrei! Dieses Video stellen wir aggressiv in alle Social-Netzwerke mit der Überschrift: *It's amazing, I couldn't believe my eyes, first baby on earth cooking!*

LEA Ah …

WERBER Sollte es mit dem Baby nicht klappen, versuchen wir es mit einer Katze.

LEA Okay …

WERBER Für diesen Film brauchen wir keine Models, keine Produktionskosten, und auch die Verbreitung des Videos übernimmt der Konsument.

LEA Verstehe.

WERBER Vorschlag vier: Car Sharing, House Sharing, Ad Sharing heißt es heute. Noch ökologischer und ökonomischer ist es, wenn wir die Werbung nicht produzieren, sondern im Internet suchen, ob nicht schon jemand anders ein Foto, Filmchen, einen Kommentar zum KochFix® ins Netz gestellt hat. Alle Posts auf der eigenen Website sammeln und titulieren: Die Welt kocht KochFix®!

LEA Aha …

WERBER Vorschlag fünf ist das herkömmlichste dieser sogenannten Native Ads. Wir sponsern ein Listical auf einem Blog, zum Beispiel: »Zehn Beispiele, wo der Mensch von der Maschine überholt wurde.« Oder: »Fünf Gründe, warum gute Köche schlecht im Bett sind.« Und jetzt das Beste: Alle fünf Vorschläge gebe ich Ihnen als Paket zum halben Preis eines herkömmlichen Hochglanzwerbefilms!

LEA Bin dabei.

Laura de Weck hat für diesen Text zwei KochFix®-Geräte erhalten.

Sprachflucht

THOM

Thom schweigt und denkt.

THOM Vor einigen Wochen habe ich mich geärgert, dass
alle meine Freunde in jedem Satz »irgendwie« sagen.
»Irgendwie habe ich ihn gern«, »Irgendwie weiß ich
nicht, wie man mit den Flüchtlingen umgehen soll«
und »Irgendwie habe ich auch gar keine Zeit«. Man
hat nie irgendwie, sondern man hat. Und darum habe
ich mich entschieden, alle Füllwörter aus meinem Vo-
kabular zu streichen. Alle »irgendwie«, »gewissermaßen« und »im Grunde« und so weiter.
Und dann dachte ich, dass es mit den Adverbien genauso ist. Es nützt nichts zu sagen: »Die Grenzen sind
extrem dicht«, oder: »Es ist sehr schön bei dir.« Viel
direkter ist: »Die Grenzen sind dicht«, und: »Es ist
schön bei dir.«
Und dass Adjektive sowieso nur was für schlechte
Redner und Schreiber sind, hatte ich schon in der
Schule gelernt. Also ließ ich die Adjektive auch weg.
Nicht: »Der verzweifelt schreiende Vater fixiert das
süße, nichtsahnende Kind«, oder: »Der heulend le-

ckende Sturm erreicht das überfüllt wankende Schiff.«
Sondern: »Der Vater fixiert das Kind«, »Der Sturm
erreicht das Schiff.« Fertig. Meine Sprache fühlte sich
stärker und kräftiger an.

Danach habe ich die Hilfsverben weggelassen. Ich
habe nicht verstanden, was und wem sie helfen. Nicht:
»Die Frau hat gesagt, es hätte in ihrem Dorf keinen
Platz«, sondern: »Die Frau sagt: Kein Platz im Dorf.«
Ist das so?

Dann habe ich in einem Buch für Sprachlehre gelesen,
dass je weniger Silben ein Wort hat, desto stärker wird
die Aussage dieses Worts. »Volk«, nicht »Bevölkerung«, »Streit«, nicht »Auseinandersetzung«, »Mord«,
nicht »Ermordung«.

Ich entschloss mich, nur noch Wörter zu benutzen, die
nicht mehr als zwei Silben haben. Das fiel mir nicht
schwer. »Das Gesetz ändert nichts«, »Wo bleiben die
Betten?«

Und dann beschloss ich, nur Wörter zu sagen, die
nicht mehr als eine Silbe haben. Damit kommt man
gut, wenn nicht besser durchs Leben. »Ich mag dich«,
»Mein Kopf tut weh«, »Das Geld ist knapp«, »Dann
kam der Tod«, »Dein Pech«.

Und dann habe ich die Fürwörter weggelassen, die
Pronomen, die sowieso nur für etwas stehen, was sie
nicht selber sind. »Die Angst wächst«, »Der Hass
steigt«, »Das Herz stirbt«. Ich verstand immer besser,
worüber ich den ganzen Tag sprach.

Und weil immer noch zu wenig gehandelt wird, habe
ich auch die Verben weggelassen. »Das Schiff.« – »Die

Wut.« – »Das Geld.« – »Das Kind.« Und gestern ent-
schied ich mich, auch die Substantive wegzulassen.
Was übrig blieb, war »der«, »die«, »das«. Und da war
mir, als sei alles klar auf dieser Welt.

Langstraße

STEFAN

FREUND

TARIK

SERGIO, alle sind Mitte zwanzig

1. Szene
Ein lauer Abend. Stefan und sein Freund sitzen draußen vor einer Bar und beobachten die gegenüberliegende Straßenseite.

STEFAN Siehst du den Typen mit den gegelten Haaren, der da vor der Tanzbar hockt?

FREUND Der neben dem Dicken?

STEFAN Ja, das ist Tarik.

FREUND Kennst du den?

STEFAN Ich hab halt mal so angefangen, mit ihm zu quatschen. Der ist vor drei Jahren in die Schweiz gekommen, schafft bei der Bahn als Minibar-Mann, schickt die Hälfte vom Lohn nach Hause und kommt gerade mal so durch. Ist noch ein netter Typ.

FREUND Weißt du, was der verdient?

STEFAN Keine Ahnung, Mann, aber der muss auch am Wochenende krampfen.

FREUND Ist schon hart.

STEFAN Und wenn er Feierabend hat, macht er sich voll von seinem billigen Parfüm …

FREUND … zieht sein Glitzerhemd an …

STEFAN … hockt vor die Tanzbar …

FREUND … bestellt sich so einen grusigen, süßen Drink …

STEFAN … flirtet mit ein paar wüsten Frauen …

FREUND … und vergisst den Alltag und träumt, er wär ein Banker oder so ein Scheiß …

STEFAN … aber am nächsten Tag geht's wieder los: Cola, Gipfeli, Mineral …

FREUND … Cola, Gipfeli, Mineral …

STEFAN Ja. Dabei hat er eigentlich mal studieren wollen, hat er erzählt.

FREUND Schon hart.

Stefan winkt Tarik zu.

STEFAN *ruft* Hey, Tarik, alles klar?!

TARIK *ruft* Alles super! Und du?

STEFAN *ruft* Alles super!

TARIK *ruft* Kommt schon gut!

STEFAN *ruft* Ja, kommt schon gut!
  Zum Freund: Mm … Hat er das letzte Mal auch gesagt: Kommt schon gut.

FREUND Der redet sich halt Mut zu.

STEFAN Wir haben's echt verdammt gut.

FREUND Ja, wir haben's gut.

2. Szene

Auf der gegenüberliegenden Straßenseite sitzen Tarik und Sergio und beobachten Stefan und seinen Freund.

TARIK Siehst den Typ mit den Wuschelhaaren, da drüben?

SERGIO Der neben dem Dünnen?

TARIK Ja, Mann. Das ist Stefan. Hab letztens mit dem geredet.

SERGIO Und?

TARIK Na ja, schau dir die Jungs mal an, die tun mir voll leid, ich schwör's.

SERGIO Das sind halt Studenten und so. Die haben keine Kohle.

TARIK Ja, aber wie willst du in der Schweiz leben ohne Kohle? Geht nicht. Sitzen von morgens bis abends hinter Büchern und verdienen nichts. So ein Studium kann sechs Jahre gehen, hat er gesagt. Sechs Jahre, ich schwör's! Wenn du da rauskommst, bist du ein Opa und hast noch nie gearbeitet. Und wenn du Künstler bist, dann ist das so, als wärst du dein Leben lang Student. Hat Stefan mir genau so gesagt, ich schwör's! Schau, jetzt winkt er.

STEFAN *ruft* Hey, Tarik, alles klar?!

TARIK *ruft* Alles super! Und du?

STEFAN *ruft* Alles super!

TARIK *ruft* Kommt schon gut!

STEFAN *ruft* Ja, kommt schon gut!

TARIK *zu Sergio* Siehst du, so sind die, voll bescheiden: Sagen, alles super, dabei, schau doch, die kommen da mit ihren kaputten Fahrrädern ….

SERGIO … haben nicht mal ein Auto …

TARIK … trinken den ganzen Abend nur Bier …

SERGIO … immer nur Bier …

TARIK … und haben nicht mal Parfüm. Die stinken, ich schwör's ….

SERGIO … und nichts zu essen. Schau, wie dünn die sind …

TARIK … vor allem ihre Frauen …

SERGIO … kein Busen, kein Arsch …

TARIK … und keine Frisur …

SERGIO … und die Männer unrasiert …

TARIK … und träumen von einem Leben als Banker oder so ein Scheiß.

SERGIO Ist schon hart. Ich sage dir, deshalb hab ich nicht studiert, Mann, genau deshalb.

TARIK Genau das hab ich Stefan auch gesagt, aber ich sag ihm auch: Kommt schon gut. Was soll ich denn sonst sagen?

SERGIO Wir haben's schon verdammt gut, ich schwör's.

TARIK Ja, wir haben's gut.

The New Shit

ANUK

MILO, beide 12 Jahre

LEHRER

Auf dem Schulhof.

ANUK Du Arsch!

MILO Du Opfer!

ANUK Du Hirni!

MILO Du Behinderte!

ANUK Behinderte sagt man nicht!

MILO Du Nette!

ANUK Du Rassist!

MILO Du Gutmensch!

ANUK Du Nazi.

MILO Du Nazikeule.

ANUK Du »Das-wird-man-ja-wohl-noch-sagen-dürfen«.

MILO Du falsche Toleranz!

ANUK Du Antidemokrat!

MILO Selber Antidemokratin!

ANUK Du – immer plus eins – Antidemokrat!

MILO Spiegel, Spiegel!

ANUK Du weißer heterosexueller Mann!

MILO Du schwules Mädchen!

ANUK Du »Die-müssen-erst-begrabscht-werden-damit-ihnen-die-Augen aufgehen«!

MILO Du Kuschelkurs-Tante.

ANUK Du Erst-seit-Köln-Feminist.

MILO Du Populist.

ANUK Du Sexist.

MILO Du Sozi-Idealist.

ANUK Du »Wir-müssen-die-Ängste-der-Bevölkerung-ernst-nehmen«.

MILO Du Verdreherin.

ANUK Du Homophob.

MILO Du Schönrednerin.

ANUK Du Panikmacher.

MILO Du Flüchtlings-Verhätschlerin.

ANUK Du Verschwörungstheoretiker.

MILO Du Hetzerin gegen Andersdenkende.

ANUK Selber Hetzer gegen Andersdenkende.

Ein Lehrer geht zwischen die Schüler.

LEHRER Was ist hier los? Hört sofort auf! Hier wird nicht gestritten!

MILO O Gott, ein fremder Richter kommt!

ANUK Du Rechtsstaatsfeind!

MILO Du politisch Korrekte!

LEHRER Jetzt hört's aber auf! Wenn ich noch ein Schimpfwort höre, fliegt ihr beide raus!

MILO Aber wir sind doch keine Ausländer!

ANUK Das hast du jetzt eben von der staatlichen Willkür!

LEHRER Jetzt langt's aber! Jetzt ist sofort Ruh!

ANUK Aber Herr Moser, wir streiten uns doch gar nicht, wir spielen doch nur Erwachsene.

LEHRER Erwachsene?

MILO Unsere Eltern streiten sich immer genau so, und seitdem dürfen wir am Nachmittag nach der Schule nichts mehr abmachen.

ANUK Mein Papa hat gesagt, er möchte zu Milos Eltern keinen Kontakt mehr haben.

LEHRER Das kann ich mir nicht vorstellen, ihr seid doch seit dem Kindergarten beste Freunde.

ANUK Ja, aber mein Papa sagt, Milos Eltern seien gegen unsere Werte von Freiheit, Demokratie und Gleichheit der Frauen. Meine Eltern haben mich dann ganz fest in den Arm genommen und gesagt, es läge ihnen eben so sehr am Herzen, dass ich in einer Welt aufwachse, die friedlich ist.

MILO Und meine Mama hat auch gesagt, Anuks Eltern seien gegen unsere Werte von Freiheit, Demokratie und Gleichheit der Frauen. Und sie haben mich auch in den Arm genommen und mir mit Tränen in den Augen erklärt, es sei ihnen eben so wichtig, dass ich in einer Schweiz aufwachse, die friedlich ist.

LEHRER Aber dann sind sie sich doch einig.

MILO Eben nur fast.

ANUK Meine Eltern glauben, uns wird es später am besten gehen, wenn jetzt dafür gesorgt wird, dass die Welt global zusammenhält. Und Milos Eltern glauben, uns wird es später am besten gehen, wenn jetzt dafür gesorgt wird, dass nur die Schweiz zusammenhält.

LEHRER Und was glaubt ihr?

ANUK Tja, das verraten wir Ihnen nicht, Du Erwachse-
ner!

MILO Genau, Du Eltern!

Frauenquote

FRAU

MANN

Nachts, Schlafzimmer.

FRAU Was ist?
MANN Ich kann nicht schlafen.
FRAU Wenn du so rumzappelst, kann ich aber auch nicht
schlafen.

Pause.

MANN Du?
FRAU Ja?
MANN Mir ist gekündigt worden.
FRAU Was? Wann hast du das erfahren?
MANN Heute hat Frau Rösch mit mir gesprochen.
FRAU Warum hast du denn den ganzen Abend nichts
gesagt?
MANN Ich wollte nicht vor der Kathi.
FRAU Die ist jetzt zwölf Jahre alt, das hält die schon aus.
MANN Es ist schrecklich.
FRAU Das ist nicht schrecklich. So richtig gern warst du

dort ja gar nicht, und du findest ganz schnell was anderes, mein Tiger. Warum haben sie dir denn gekündigt?

MANN Wegen der Frauenquote.

FRAU Das haben die gesagt?

MANN Nein, die haben gesagt, wegen Umstrukturierung, aber ich weiß, dass es wegen der Frauenquote ist.

FRAU Das glaub ich nicht.

MANN Natürlich, seit Frau Rösch an der Spitze ist, werden nur noch Frauen angestellt.

FRAU Man kann nicht jemanden wegen des Geschlechts entlassen.

MANN Natürlich kann man das. Die stehen ja total unter Druck, weil es in Frankreich schon eine gesetzliche Quote gibt, und die EU-Kommission will jetzt sogar eine europaweite Frauenquote.

FRAU Die Frauenquote hat schon ihre Richtigkeit.

MANN Du findest es also richtig, dass ich entlassen wurde? Ich hab schon kapiert, dass ihr Frauen auf unsere Jobs aus seid. Ihr fangt ja schon ganz früh systematisch an, indem ihr uns Buben in der Grundschule benachteiligt.

FRAU Wie bitte?

MANN Na klar, das ist doch gerade überall Thema, dass die Schulen verweiblicht sind und es zu wenig Bubenfächer gibt.

FRAU Was sind denn bitte Bubenfächer?

MANN Mathe, Physik, Sport und nicht dieses ganze Lesen und dann Erzählen, was man gelesen hat.

FRAU Unsere Kathi ist aber viel besser in Mathe als in Deutsch.

MANN Vielleicht ist sie ja lesbisch.

FRAU Jetzt langt's aber, Tiger!

MANN Und hör auf, mich Tiger zu nennen! Du willst mich nur klein und süß machen, wie alle anderen Frauen.

FRAU Welche anderen Frauen? Ich nenn dich schon seit fünfzehn Jahren so.

MANN Ihr habt's schon so eingefädelt, dass jetzt mehr Mädchen Matura machen und ihr Frauen besser ausgebildet seid. Bei den unter Dreißigjährigen verdienen die Mädels sogar mehr, und den jungen Dingern ist es bereits völlig egal, ob ein Mann da ist, um eine Familie zu gründen. Die holen sich die Spermien einfach von der Bank. Wie soll denn die Welt in zwanzig Jahren aussehen? Ihr wollt uns aus dem Weg räumen!

FRAU Am besten, du schläfst jetzt. Morgen früh siehst du etwas klarer.

MANN Ich seh schon klar genug: lauter Bundesrätinnen, Angela Merkel, und in Frankreich und den USA will auch eine.

FRAU Dann wende dich doch an den neuen Männerbeauftragten der Stadt.

MANN Ich kann mich gegen die Weiber schon selber wehren.

FRAU Wenn du so weitermachst, hast du nicht nur deinen Job verloren, sondern auch deine Frau!

MANN Pscht! Sonst wacht Kathi auf. Und dass das klar ist: Kathi darf von der Kündigung nichts wissen.

FRAU Natürlich erzählen wir ihr das.

MANN Nein, sonst kriegt sie Angst, dass wir kein Geld mehr haben.

FRAU Ich verdien doch.

MANN Aber was soll sie denn von mir denken? Ihr Vater, der nicht arbeitet!

FRAU Sie soll denken, dass es im Leben eben so ist, dass man Jobs kriegt und auch wieder verliert, aber dass es keine Katastrophe ist und sich bestimmt ein neuer Job auftut. So.

Mann weint, seine Frau umarmt ihn.

FRAU Das schaffen wir schon, mein Tiger.

Weltmeister

URSI

VERENA

Ursi ist mit Verena am Telefon.

URSI Ach Verena, ich verstehe einfach nicht, warum das jetzt mit der WM so wichtig ist. Vorhin hab ich die Rosemarie gefragt, was das Orchester heute Abend spielt. Da hat sie gesagt: Italien gegen Deutschland, Vivaldi gegen Bach. Und das hatte nicht die Rosie erfunden, nein, genau so ist es im Programm der Philharmonie gestanden. Und dann hab ich heut in der Migros einen Eisbergsalat kaufen wollen, der war in einer Folie verpackt, so dass der Salat aussieht wie ein Fußball. Sogar in den Frauenmagazinen werden den Mannequins die WM-Trikots angezogen und den Fußballern ausgezogen: »So sexy ist unsere Nati.« Und meine Natelfirma rief an, ob ich denn gern die WM-Aktion zum WM-Tarif wolle. Und da hab ich dem jungen Mann aber meine Meinung gesagt, dass mich das mit dem Fußball sowieso gar nicht interessiere und ich auch nicht einsehen würde, warum mein Enkel, der doch erst fünf Jahre alt ist, deswegen bis um zwei Uhr morgens aufbleiben dürfe, mit Erlaubnis derselben Eltern, die ihn sogar an Neujahr vor Mitternacht ins Bett bringen. Und ich hab den armen Mann angeherrscht, ob er mir denn bitte erklären könne, was denn der Fußball mit meinem Telefon und dem Eisbergsalat zu tun hätt! Aber da hat er nur gestammelt, dass die WM ja die ganze Welt repräsentieren würde. Und da hab ich nur gesagt, dass er die ganze Welt aber sehr schlecht kenne, das sei alles nur Geldmacherei. Ich hab aufgehängt, ohne adieu zu sagen, und das mache ich wirklich selten.

VERENA Oh, das stimmt, Ursi. Du …

URSI Und als ich alles der Rosie erzählt hab, die auch nicht mehr schlafen kann, weil sie direkt neben einem »Publik Schauen« wohnt, wie man heute sagt, wurde sie nur sehr nachdenklich. Sie hat gesagt, so unrecht hätte mein Telefonmann ja gar nicht, man könne so einiges in der WM ablesen: Die Portugiesen zum Beispiel haben jetzt gelernt, dass der Einzelne nur gut ist, wenn die Mannschaft gut ist, das könnte sie vor der Wirtschaftskrise schützen. Die Engländer müssten mit ihrem Abgang gar nicht drohen, sie werden von selbst rausgespickt. Die Amerikaner lassen sich von einem Deutschen leiten. Und die Schweiz hätte sich ohne Migranten nicht qualifiziert, aber marschiert trotzdem mit der Zuwanderungsbeschränkung sehenden Auges in die politische dritte Liga. Die Asiaten tauchen nur am Rande auf, obwohl jeder weiß, dass sie am Schluss die gefährlichsten sind. In vier Jahren sieht die Rangliste sowieso noch mal ganz anders aus, aber das Weltspiel wird auch dann wieder von korrupten und menschenverachtenden Organisationen veranstaltet. Und dass der Einzelne – egal, ob er links oder rechts ist – bei all diesen Ballwechseln dann doch seiner eigenen Nation am treusten bleibt, das hätte doch alles sehr viel mit unserer Welt zu tun.

All das hat die Rosie gesagt, und dann war ich doch ganz platt, dass sie so gut über den Fußball Bescheid weiß. Und um sich zu beweisen, hat die Rosie das gemacht, was sie immer tut, sie zitiert berühmte Männer. Und auch der Lothar Matthäus hätte gesagt: »Eine Ehe ist wie ein Fußballspiel, man weiß nie, wie es ausgeht.« Und dass eine Ehe nun mal zu Ende gehe, wüssten wir ja beide, hat die Rosie gesagt, aber da wurde ich wieder hässig, dass ich fast auch ihr abgehängt hätte, ohne adieu zu sagen.

VERENA Oje. Aber du, ich würd so gern …

URSI Das geht doch wirklich zu weit, nicht nur die Welt, sondern auch mein eigenes Leben in die WM zu interpretieren. Was hat denn der heilige Matthäus mit dem Fußball und meiner Ehe zu tun? Überhaupt lässt sich ja alles in irgendetwas hineininterpretieren. Sogar das Toilettenpapier macht ein WM-Gewinnspiel: Hol dir den Po-Kal. Und genau da liegt eben das Grundproblem unserer Welt: Alles kann man in alles hineindenken. In den Sport, in die Kunst, aber am schlimmsten in die Politik und die Religion. Da wurde uns Menschen schon so viel hineininterpretiert und verkauft. Wenn wir alles nicht geglaubt hätten, hätte es uns Geld, Leiden und Tote erspart. Und drum lass ich mir von dem Fußball nicht mein Leben diktieren …

VERENA Ja, das ist richtig, Ursi, aber unsere Schweiz spielt doch gleich im Achtelfinal gegen Argentinien, und ich würd gern … Ursi? … Hallo? … Ursi?

Verräter

MARGRIT

ERNST

Margrit sitzt mit ihrem Ehemann Ernst am Esstisch.

ERNST Du.

MARGRIT Ja?

ERNST Ich hab ein bisschen nachgedacht.

MARGRIT Ah ja.

ERNST Und ich denk, dass es am besten ist, wenn wir uns selbst anzeigen würden.

MARGRIT Wir? Haben wir was verbrochen?

ERNST Nein, nicht wir. Ich meine, ich.

MARGRIT Was? Ernst, was hast du getan?

ERNST Nichts. Ich hab nichts getan. Ich meine doch nur, das mit den Steuern.

MARGRIT Ach je, das ist ja nicht wirklich ein Verbrechen.

ERNST Das sehen die Behörden eben anders.

MARGRIT Nein, Ernst, bist du wahnsinnig, das tun wir nicht. Du weißt ja gar nicht, was das bedeuten könnt.

ERNST Doch, ich hab schon mit unserem Anwalt gesprochen, es hat für uns keine Konsequenzen. Wir können einfach das Vermögen, das wir nicht versteuert hatten, straflos nachzahlen. Dann gibt es für uns keine Buße, keinen Eintrag ins Strafregister, nichts.

MARGRIT Nichts? Wir müssen doch wahnsinnig viel nachzahlen.

ERNST Ja, aber die Nachsteuer wird höchstens für zehn Jahre erhoben. So hat es sich für uns ja doch etwas gerechnet.

MARGRIT Ich geb das Geld nicht zurück. Das ist unseres. Wir zahlen damit das Studium unserer Töchter. Das ist weit besser als das, was die kriminellen Politiker damit machen.

ERNST Margrit, wenn die uns erwischen, dann müssen wir noch viel mehr bluten, dann werden wir angezeigt und können grad das Haus verkaufen und das Auto noch dazu.

MARGRIT Du übertreibst, Ernst. Wir müssen uns doch nicht für etwas anzeigen, was eigentlich rechtens ist. Und dann posaunen die Behörden auch noch rum, dass wir Verbrecher sind.

ERNST Nein, die haben Schweigepflicht.

MARGRIT Kannst denken. So was spricht sich doch schnell rum in unserer kleinen Stadt. Was sollen dann die Stämpflis und Frau Weber denken, die immer so vernünftig dreinschauen. Die Frau Stämpfli hat sogar mal gesagt: »Ich zahle gern viel Steuern, weil das heißt, dass ich viel verdiene.« Dabei hat sie mir nur eins reinwürgen wollen, weil sie arbeitet und ich nicht. Jedes Mal, wenn wir uns sehen, muss sie mir wieder erzählen, dass sie doch so viel Arbeit hätte und nebenher noch die Kinder und den Haushalt und irgendeine

Stiftung für ganz besonders arme Menschen. Dabei hat die zwei Hausangestellte und eine Kinderfrau noch obendrauf, obwohl die Kinder fast erwachsen sind. Nein, Ernst, das kommt nicht in Frage.

ERNST Ich muss uns anzeigen, Margrit, das Bankgeheimnis ist bald passé. Der Druck wächst politisch von allen Seiten. Wenn die uns erwischen, ist es für uns beide eine Katastrophe.

MARGRIT Ich habe nein gesagt, Ernst. Das Bankgeheimnis wird uns so schnell keiner nehmen. Wenn du uns jetzt anzeigst, dann bist du genauso ein Verräter wie dieser Privatbankier Hummler.

ERNST Ich versuche uns zu retten, nicht zu verraten.

MARGRIT Ja, das hat der Hummler auch getan. Seinen eigenen Arsch hat er retten wollen und uns damit alle mit hineingezogen. Hätt der Hummler doch nicht ausgeplaudert, dass es in der Schweiz gang und gäbe ist, Steuern zu hinterziehen. Hätt er stillgehalten, dann wüsste das jetzt keiner.

ERNST Margrit, du hast das falsch verstanden: Der Hummler wurde Verräter genannt, weil er etwas verraten hat, was aus der Sicht der Politiker nicht stimmt. Es tut ja nicht jede Bank Steuern verstecken.

MARGRIT Für wie blöd hältst du mich? Ein Verräter kann man doch nur sein, wenn man etwas verrät, was stimmt. Und dass es stimmt, wissen wir ja.

ERNST Das ist eben unser Problem, Margrit, jeder weiß schon, dass die Banken Steuern verstecken. Das kann man gar nicht mehr verraten.

MARGRIT Jetzt willst du mir auch noch weismachen,

dass einer ein Verräter genannt wurde, weil er etwas verraten hat, was schon jeder weiß. Ich bin doch keine dumme Gans.

ERNST Doch, Margrit, so ist es. Und drum hab ich uns gestern angezeigt.

MARGRIT Was? Noch einmal, um die Schmach mehr einzuprägen, werfe ich das Wort Verräter dir entgegen. Beweisen möge, was meine Zunge spricht, mein wackres Messer!

ERNST Margrit!

MARGRIT Shakespeare.

Kein Kommentar

Eric sitzt am See und denkt nach.

ERIC Jetzt hat mich Stefan gestern gefragt, was ich denn über den Ukraine-Konflikt denke, und ich habe ein Gesicht gemacht, als würde ich scharf nachdenken, aber eigentlich wusste ich die Antwort schon im Vorhinein: Ich weiß es einfach nicht. Ich habe keine Ahnung, wer welches Anrecht hat und was man tun müsste, damit wieder Frieden ist. Aber da hat der Stefan schon längst losgelegt, was er denn denken würde, und ich hab schon gar nicht mehr zugehört. Ich hör doch schon zu jeder Tages- und Nachtzeit die Ukraine-Meinung von irgendwem in den Nachrichten und im Internet. Da wird aufgrund der ukrainischen Vergangenheit die ukrainische Zukunft weltweit auf Twitter, Facebook und in den Kommentaren mal hin zu Russland und mal her zur EU gezerrt. Und zur Sicherheit fragen die Gratiszeitungen auch noch Passanten nach ihrer Meinung, damit sie ihr Blatt vollkriegen. Und alle Posts und Kommentare werden untermauert mit Zitaten von Helmut Schmidt über Putin, von Putin über das Völkerrecht, vom Völkerrecht über Sanktionen und von der Rolle der USA, der EU, der G8 und den Olympischen Spielen. Das wird dann ge- oder unliked. Und je mehr Leute wissen, was die Ukraine tun sollte, desto weniger weiß ich's. Bis einer mal postet, dass alle am besten die Schnauze halten sollten und die ukrainische Zukunft der ukrainischen Bevölkerung überlassen sollten, die hätten ihre Vergangenheit nämlich zum Teil selbst erlebt und müssten es ja nun am besten wissen, wie ihre Zukunft aussehen soll. Das habe ich dann geliked, weil ich ganz erleichtert war, dass die ukrainische Bevölkerung es wissen muss und nicht ich. Ich weiß nämlich nur, was alle wissen: dass Putin ein größenwahnsinniger Homophob ist, aber ich weiß auch, dass, wenn einer ein Arschloch ist, es leider nicht bedeutet, dass auf der Gegenseite nicht auch Arschlöcher sind. Aber vielleicht will ich das alles gar nicht wissen. Im Moment will ich eh nur wissen, warum Sara seit gestern Abend meine SMS nicht beantwortet und ob sie sich vorstellen könnt, dass wir in Zukunft wieder zusammenkommen, oder ob ich jetzt auch ein Arschloch bin. Aber vermutlich weiß Sara selbst nicht, was sie möchte, und da sind wir auch schon beim Grundproblem. Wir kennen uns selbst nicht. Wenn wir gefragt werden, warum wir uns ausgerechnet für diesen Partner entschieden haben, dann können wir das höchstens ein paar Jahre später beschreiben, wenn alles zu spät ist. Vorher aber stammeln wir irgendwas von Interessen und Emotionen. Genau so wird es auch sein, wenn die ukrainische Bevölkerung befragt wird, was sie eigentlich möchte.

Da wird sie von unterschiedlichsten Interessen und Emotionen erzählen, weil sie vor ihrem Land genauso ratlos dasteht wie wir vor uns selbst.

Wir wissen einfach zu wenig über den anderen und uns selbst. Wenn wir alles über uns wüssten, bräuchte es vermutlich keine Krisenstäbe und Psychiater mehr. Am besten findet die Ukraine mit Hilfe von Ost und West eine Zukunft ohne den Osten und Westen, ohne Krisenstäbe und Psychiater. Die wissen schlussendlich leider auch zu wenig über uns, und das nach jahrzehntelanger Forschung. Das ist das alte Lied: Je mehr man über etwas weiß, desto genauer weiß man, dass man nichts genau weiß. Wahrscheinlich ist das auch nur ein Trick der Natur, damit wir nie und nimmer herausfinden, warum wir sind, warum wir so fühlen und uns deswegen umbringen. Selbst die Urknalltheorie basiert zu fünfundneunzig Prozent auf Unbekanntem und weist deshalb viele Lücken und Rätsel auf.

Aber immerhin haben jetzt die Kosmologen der Europäischen Weltraumorganisation herausgefunden, dass die Lücken richtig berechnet sind. Es ist jetzt also wissenschaftlich bewiesen, dass wir nichts wissen. Aber ob all dieses Unwissen der Ukraine hilft?

SARA   O Mann, Eric, da steckst du! Ich such dich schon die ganze Zeit, du bist nicht zu Hause, nicht im Netz, du gehst nicht ans Natel, was ist denn mit dir los, Mann?

ERIC   Ich … Ich weiß es nicht.

Gutenachtgeschichte

1 Franken braucht Marie
für einen Kaugummi.
So viel Geld hat sie nie.
Sie könnte Adam fragen, aber:

3 Franken braucht Adam, der Syrer,
für seine Schulhefte und Bücher.
Er könnte Hagen fragen, aber:

Für 100 Franken kriegt Hagen
Auf dem Strich einen geblasen.
Vielleicht kann Djaffer helfen, aber:

540 Franken braucht Djaffer
für die Beerdigung seiner Mutter.
Er könnte Susen bitten, aber:

2 800 Franken spart Susen
für einen neuen, prallen Busen.
Sie könnte Zola anhauen, aber:

6 400 Franken fehlen Zola
für einen Schlepper nach Europa.
Das Pärchen Kunz hat Kohle, aber:

35 000 Franken müsste das Ehepaar Kunz
hinblättern für ihren Kinderwunsch.
Sie kennen Jack, aber:

60 000 Franken beantragt Jack
für sein politisches Kunstprojekt.
Die CS-Bank fördert Kultur, aber:

9 Millionen braucht die CS für ihren CEO,
auch wenn es ihr nur Bußen brachte und ein Fiasko.
Sie könnte den Staat anfragen, aber:

160 Millionen will der Staat investieren,
um ein Kampfflugzeug zu finanzieren.
Vielleicht kann Europa helfen, aber:

1,9 Milliarden will die EU ausgeben,
um das europäische Bildungsniveau anzuheben.
Vielleicht kann die UNO helfen, aber:

6 Milliarden Franken sollten laut UNO Entwicklungs-
organisationen kriegen,
um den Welthunger zu besiegen.
Vielleicht springt der reichste Mann der Welt ein, denn:

67 Milliarden Franken hat der reichste Mann der Welt. Die Hälfte seines Vermögens hat er sogar in eine Stiftung gestellt. Mit der Stiftung könnte er Marie den Kaugummi, Adam die Bildung, Hagen sein Vorhaben, Djaffer die Totenfeier, Susen ihren Busen, Zola Europa, Kunzes Kind, Jacks Projekt, der CS ihren CEO, dem Staat den Jet, Europa die Bildung und dazu mehrfach den Welthunger stoppen, aber er tut es nicht. Er hat zu Recht seine eigene Ansicht. Und nicht das Volk, nicht die Politik, sondern er und seine Kumpels allein entscheiden, wen das Glück trifft. Das ist das Ende dieser Geschicht: Die Superreichen haben endlich kapiert, dass ihre Löhne oder ihr Ererbtes ungerecht sind.

Also spenden sie fein und sparen nebenbei die Steuer ein.

Gute Menschen, schlechte Menschen

REMO

ABDULEI

REMO Du ...

ABDULEI Ja?

REMO Willst du mich heiraten?

ABDULEI Was? Bist du verrückt, ich bin doch nicht schwul!

REMO Es ist die einzige Möglichkeit, wenn du in der Schweiz bleiben willst.

ABDULEI Das ist verboten, Mann.

REMO Schwul sein ist nicht verboten.

ABDULEI In deinem Land vielleicht nicht.

REMO Es ist nur verboten, so zu tun, als sei man schwul.

ABDULEI Also doch verboten.

REMO Es wird niemand was rausfinden. Wir wohnen schon zusammen, wir haben die besten Voraussetzungen.

ABDULEI Die vom Amt sehen doch, dass das hier eine alternative Vegetarier-Abbruch-WG ist und keine Wohnung, wo frisch Verheiratete einziehen.

REMO Na gut, dann lass dich eben ausschaffen.

ABDULEI Bist du jetzt beleidigt, Mann? Bist du doch voll in mich verliebt, oder was?

REMO Nein, ich sag nur, dass wir uns nach fünf Jahren scheiden lassen können. Dann bist du Schweizer, und dann kannst du heiraten, wen du willst.

ABDULEI Dann will mich aber keine mehr, weil alle Frauen denken, ich sei schwul.

REMO Ach, vergiss es.

ABDULEI Kein Stress. Ich finde schon was, damit ich nicht ausgeschafft werde.

REMO Es ist unmöglich, wir haben doch schon alles versucht.

ABDULEI Ich kann dich nicht heiraten, Mann. Du hast mir selbst erklärt, dass die Schweiz ein Rechtsstaat ist. Hier ist alles voll rechtens und nicht so wie in meinem Land, wo man mir den Kopf abhauen will, wenn ich die falschen Meinungen hab. Du kannst mir jetzt nicht erklären, dass ich in deinem super Rechtsstaat so tun muss, als sei ich schwul, um Recht zu kriegen?

REMO Manchmal muss man eben Verbotenes tun, um den Rechtsstaat zu richten.

ABDULEI Der Rechtsstaat hat nicht immer recht?

REMO Richtig. Aber selbst das Unrecht für die Gerechtigkeit ist im Rechtsstaat leider strafbar.

ABDULEI Hä? Dann ist es doch ein scheiß Rechtsstaat?

REMO Nein, weil es eine Demokratie ist. Du kannst nicht sagen scheiß Volk, scheiß Demokratie, scheiß Recht, denn das ist nun mal nicht scheiße.

ABDULEI Das Volk entscheidet über das richtige Recht?

REMO Aber nicht über die Gerechtigkeit.

ABDULEI Das ist ja voll ungerecht.

REMO Aber rechtsgültig.

ABDULEI Und das Volk findet es nicht rechtens, dass ich hierbleibe?

REMO Na ja …

ABDULEI Die mögen mich nicht, Mann.

REMO Schau, Abdulei, wenn das ganze Volk dich kennen würde und wenn das ganze Volk deine Geschichte kennen würde und sie dann über dich entscheiden müssten, dann würden sie anders entscheiden als ihr eigener Rechtsstaat, und deshalb ist es ja doch rechtens, dass du hierbleibst.

ABDULEI Hä?

REMO Na klar. Der Wirt vom ›Goldenen Esel‹ zum Beispiel sagt, dass er keine Ausländer mag. Aber dich hat er total gern. Er möge vor allem die schlechten Ausländer aus der Zeitung nicht, hat er gesagt, aber die Ausländer, die er kennt, seien zufällig gute Ausländer. Seine südamerikanische Putzfrau Rosa mag er zum Beispiel auch und den Nico vom Postschalter mag er sogar sehr.

ABDULEI Der Nico von der Post ist ein Ausländer?

REMO Der Wirt ist auch ganz erschrocken, als ich ihm das gesagt habe.

ABDULEI Ey, glaubst du, der ist schwul?

REMO Der Wirt?

ABDULEI Und der Nico?

REMO Das ist doch egal.

ABDULEI Na ja, diese Schwulen …

REMO Hast du was gegen Schwule, oder was?

ABDULEI Die sind halt komisch, Mann.

REMO Weil du sie nicht kennst.

ABDULEI Wie findest du denn den Wirt?

REMO Was soll denn jetzt diese Frage?

ABDULEI Magst du ihn oder nicht, Mann?

REMO Natürlich nicht, der sorgt doch dafür, dass Menschen wie du hier nicht bleiben dürfen. Das ist ein Rassist.

ABDULEI Ah …

REMO Was denn?

ABDULEI Der Wirt ist ein Rassist, weil er alle Ausländer hasst außer die, die er kennt?

REMO Genau.

ABDULEI Dann bist du aber auch ein Rassist, weil du alle Schwulenfeinde hasst außer die, die Ausländer sind?

REMO Hasst du wirklich Schwule?

ABDULEI Okay, lass uns heiraten.

Der Tod und die Steuern

VERENA, *80 Jahre alt*

VERENA Es gibt gewisse Dinge, und die sind gewiss. Es ist gewiss, dass jeder eine Mutter und einen Vater hat, es ist gewiss, dass jeder Nahrung, Schlaf und Liebe braucht. Es ist gewiss, dass ein jeder sterben wird, und es ist gewiss, dass die Steuern bezahlt werden müssen.

Und dann gibt es sehr, sehr viele Dinge, die sind ungewiss. Es ist nun mal ungewiss, ob die Mutter und der Vater einem Mutter und Vater sind, es ist ungewiss, welche Menge Nahrung, Schlaf und Liebe man bekommt, wann und wie der Tod eintrifft und wie viel von diesen Steuern zu zahlen sind. Aber wenn in meinem Alter der gewisse Tod gewissermaßen näher rückt, dann müsse man sich um die ungewissen Steuern, die man hinterlässt, kümmern, hat mein Steuerberater gesagt. Ob ich denn schon ein Testament aufnotiert hätte? Ich müsse mir nämlich ganz genau überlegen, wie und wann ich das Erbe auf meine drei Kinder aufteile, um meine Kinder steuerlich nicht zu belasten. Es gäbe nämlich Schlupflöcher mit vorzeitigen Schenkungen und so weiter, insbesondere wenn die Initiative »Millionen-Erbschaften besteuern« diese Woche angenommen werden sollte. Er fragte, ob ich mir denn schon etwas überlegt hätte? Und ich fragte nur, ob er denn schon mal auf mein Konto geschaut hätte? Ich habe nämlich überhaupt keine Millionen. Oh, stimmt, hat er dann nur gesagt. Und da wusste ich eines für gewiss, nämlich dass ich das viele Geld, das ich meinem dummen Steuerberater zahle, sehr viel lieber dem Staat zahlen würde. Oje.

Und dass es trotzdem so weit ist, dass ich jetzt vor dem Computer sitze, um mein Testament zu schreiben, erschreckt mich schon ein wenig. So sehr ist mir noch nicht nach Sterben. Aber man stirbt ja nicht von heut auf morgen. Sterben braucht Zeit. Ich hab meine Kinder ja auch nicht von heut auf morgen geboren, die gestern beim Familienznacht so gar nicht über mein Testament haben sprechen wollen. Nur meine Älteste hat beim Verabschieden gesagt, ihr würde das Goldkettchen so gefallen, das ich anhabe. Und da hab ich sie so erschrocken angeschaut, als würde sie das Kettchen, also meinen Tod, schon jetzt haben wollen. Und sie schaute ebenso erschrocken zurück, vermutlich um zu signalisieren, dass sie das Kettchen und meinen Tod schon gar nicht haben wolle. Aber was auch immer wir beide gedacht haben, seit gestern Abend denke ich immer an meinen Sarg, wenn ich das Goldkettchen sehe, und mag das Kettchen schon gar nicht mehr tragen. Und noch eines weiß ich für gewiss: Wenn schon so ein Kettchen und ein Blick dafür ausreichen, einem die Laune zu verderben, wie soll es dann erst mit einem

Millionenerbe sein, wenn die Blicke und die Gedanken immer länger werden, bis man sich gar nicht mehr anschaut. Furchtbar. Allein schon deswegen bin ich für eine hohe Erbschaftssteuer. Im Gegensatz zu meinen Kindern, die auch über die Erbschaftssteuer gestern nicht haben reden wollen und dann auf die Wirtschaft und die Unternehmen zu sprechen kamen, anstatt auf den Tod und das Gewisse und Ungewisse. Vielleicht denken meine Kinder, dass ihnen mit der Erbschaftssteuer trotz Freibetrag meine Wohnung, das Auto, die Möbel und das Kettchen genommen würden. Oder sie denken, dass, wo das Leben doch so ungewiss ist, sie vielleicht trotzdem mal einen Millionär heiraten könnten? Oder denken sie wie mein Steuerberater tatsächlich, dass ich zwei Millionen besitze, und sie haben Angst, dass ihnen mit der Erbschaftssteuer die gewisse Mutter, der Vater, das Essen, der Schlaf und die Liebe ihrer Kindheit genommen würden?

Ach, was die eigenen Kinder denken, weiß eine Mutter sowieso nie für gewiss. Ich weiß nur, dass mir nach dem Tod nichts mehr genommen werden kann, außer die Liebe meiner Kinder, sollten sie sich um das Erbe streiten.

Aufrüstung

STÄNDERAT

PATER

Im Beichtstuhl.

STÄNDERAT Im Namen des Vaters und des Sohnes und des Heiligen Geistes. Amen.

PATER Amen. Willkommen zurück im Beichtstuhl, mein Sohn. Ich hab dich ja schon lang nicht mehr gesehen.

STÄNDERAT Es gibt einfach so viel zu tun …

PATER Schon gut, ich weiß ja, wie viel du für unser Land tust. Was bringt dich denn her? Welche Sünden? Die üblichen?

STÄNDERAT Nein …

PATER Gut. Worüber bekennst du dann Reue?

STÄNDERAT Ich komme mir so blöd vor, wahrscheinlich ist es nämlich gar keine Sünde, aber ich dachte, sicher ist sicher.

PATER Sprich einfach, sprich, mein Sohn.

STÄNDERAT Die gottverdammten Linken sagen, ich sei ein schlechter Christ!

PATER Jetzt hast du jedenfalls was zum Beichten, da du den Namen Gottes …

STÄNDERAT Ja, sorry … Also, die Linken sagen, dass ich ein unchristlicher Christdemokrat bin, weil ich mehr Waffenexporte möchte, auch in Länder, die Menschenrechte systematisch verletzen. Sie meinen, ich sei ein schlechter Christ, weil dann unschuldige Kinder und Bürger durch Schweizer Waffen umgebracht würden. Aber die unschuldigen Kinder und Bürger werden doch sowieso umgebracht, weil die Kriegsländer ihre Waffen einfach woanders einkaufen. Mit unseren strengen Exportverboten wird nirgends auf der Welt die Menschenrechtssituation verbessert! Das ist übrigens mein stärkstes Argument.

PATER Jetzt beruhige dich erst mal.

STÄNDERAT Die Rüstungsindustrie ist total in der Krise: Ich bin doch kein schlechter Christ, nur weil ich Arbeitsplätze erhalten möchte!

PATER Aber wie willst du die Arbeitsplätze erhalten, wenn die Kriegsländer längst woanders einkaufen?

STÄNDERAT Unsere Waffen sind natürlich beste Schweizer Qualität: verlässlich, präzise, hocheffektiv. Swissness funktioniert auch in Saudi-Arabien und Pakistan.

PATER Also würden dank der Effektivität von Schweizer Waffen mehr Unschuldige sterben?

STÄNDERAT Hä? Bist du jetzt plötzlich auch ein gottverdammter Linker?

PATER Ernst!

STÄNDERAT Sorry, Pater, aber ich bin so aufgebracht, es kann doch nicht sein, dass Deutschland Waffen überallhin exportieren darf und wir nicht. Wir müssen die

Schweizer Hürden für die Waffenexporte auf das vernünftige Niveau der EU-Regeln senken.

PATER Zum ersten Mal höre ich dich Gutes über die EU sagen, Herr Ständerat.

STÄNDERAT Ist das eine Sünde, Pater?

PATER Ich weiß es nicht und weiß gerade auch gar nicht, was du eigentlich beichten willst.

STÄNDERAT Ich weiß es doch selbst nicht, ich mein ja nur zur Sicherheit, falls eben doch das eine oder andere Kind zusätzlich durch Schweizer Waffen umkommt. Dieses Risiko müssen wir aber für unsere Wirtschaft eingehen!

PATER Aber vergiss nicht, Herr Ständerat, dass du Präsident unseres katholischen Solidaritätswerks bist, das gerade Jubiläum feiert, da ist es nun wirklich besser, du exponierst dich nicht mit Waffenexporten.

STÄNDERAT Bekomme ich jetzt meine Absolution, oder nicht?

PATER Bereust du jetzt, oder nicht?

STÄNDERAT Das ist doch egal.

PATER Ach, also gut: Als Zeichen deiner Reue bitte ich dich darum, an unserer Adventszeit-Meditation am 10. Dezember eine Rede zu halten, die wir prominent bewerben dürfen. Gott hat die Welt mit sich versöhnt und uns den Heiligen Geist gesandt zur Vergebung der Sünden. Durch den Dienst der Kirche schenke er dir Verzeihung. So spreche ich dich los von deinen Sünden.

STÄNDERAT Amen.

PATER Geh hin in Frieden.

Private Affairs

ER Darf ich mal dein Handy haben?

SIE Warum?

ER Weil ich da was schauen will.

SIE Was?

ER Gibt es denn etwas, was ich nicht schauen darf?

SIE Nein.

ER Also?

SIE Was willst du denn schauen?

ER Das Wetter.

SIE 14 Grad ohne Regen.

ER Du willst mir dein Handy nicht geben?

SIE Du hast doch ein eigenes.

ER Jetzt will ich schauen, warum du mich nicht schauen lässt.

SIE Vielleicht lass ich dich nicht schauen, damit du denkst, es gäbe was zu schauen?

ER Was denn zum Beispiel?

SIE Eine Affäre.

ER Hast du eine?

SIE Natürlich nicht. Und du?

ER Natürlich nicht.

SIE Aber dein bester Freund Christian hat eine.

ER Ja und?

SIE Und Erich, Sebastian und Hans-Jörg hatten auch eine, hast du mir erzählt.

ER Und deine besten Freundinnen Aline und Sahra angeblich auch.

SIE Da wären wir ja total doof zu glauben, wir hätten keine, oder?

ER Deswegen habe ich dich auch schon bei der geknackten Fremdgeh-Website Ashley Madisson gesucht.

SIE Weil du mir nicht traust?

ER Weil du mich seit Wochen nicht auf dein Handy schauen lässt.

SIE Und?

ER Du warst dort nicht zu finden.

SIE Natürlich nicht.

ER Aber ich habe die E-Mail-Adresse von Celine dort gefunden.

SIE Echt, Celine?

ER Hätt ich auch nicht gedacht.

SIE Ich dachte, es wären kaum Frauen auf Fremdgeh-Websites.

ER Frauen betrügen genauso.

SIE Aber nicht übers Internet.

ER Über was denn?

SIE Weiß der Hans-Jörg schon von Céline?

ER Keine Ahnung.

SIE Irgendwie betrügen alle.

ER Da wären wir ja total doof zu glauben, wir betrügen uns nicht, oder?

SIE Diese Hacker sind doch furchtbar, zerstören Leben, Familien, Karrieren und Kinderherzen, und du machst da mit und gehst grübeln, ob du einen deiner Freunde erwischst.

ER Wenn es doch frei im Internet steht.

SIE Der Mensch hat doch ein Recht darauf, seinen Partner zu betrügen.

ER Der Mensch hat eher ein Recht darauf zu erfahren, ob er betrogen wird.

SIE Wenn er um Geld, Haus, Gesundheit oder Erbe betrogen wird, dann hat er ein Recht, dann kann der Mensch klagen.

ER Das ist doch unlogisch, dass man alles zurückklagen darf außer die Liebe.

SIE Die Gerichtshäuser würden platzen, wenn jede betrogene Liebe eingeklagt werden würde.

ER Wie bei dem Bankgeheimnis?

SIE Ja, bei der Liebe und bei den Schweizer Banken ist Betrügen Teil des Systems.

ER Da wären wir ja völlig wahnsinnig zu denken, in unserer Ehe passiere das nicht, oder?

SIE Was machen wir denn jetzt?

ER Wir können doch nicht die Liebe wie das Bankgeheimnis auflösen?

SIE Wir wollen uns ja lieben und Kinder kriegen und uns danach immer noch lieben und werden uns trotzdem betrügen.

ER Denn nach allem, was man heute weiß, wären wir total bescheuert, wenn wir denken, uns passiere das nie, oder?

SIE Was sollen wir denn jetzt tun?

ER Du lässt mich in dein Handy schauen.

SIE Gut, ich lass dich jetzt einmal in mein Handy schauen und danach nie wieder.

ER Danach vertrauen wir uns, dass nichts passiert?

SIE Nein, dass, wenn etwas passiert, es sehr selten passiert, es nicht in der Öffentlichkeit passiert, wir es einander nicht erzählen, wir es überhaupt niemandem erzählen, auch nicht Christian, Sebastian, Hans-Jörg, Aline und Sahra, niemandem, und vor allem nicht dem verdammten Welt-weiten-Web. Sollte es doch ein Dritter erfahren, sind wir verpflichtet, es uns zu beichten, damit wir uns vor der Gesellschaft schützen. Dein Computer kann nämlich genauso schlecht die Schnauze halten wie dein bester Freund. Nämlich gar nicht.

ER Abgemacht. Kann ich dich darauf verklagen?

SIE Nein, aber vertrauen.

Grenzkonsum

LADENBESITZER

In einer deutschen Grenzstadt.

LADENBESITZER Seit zehn Tagen rennen die Eidgenossen in Scharen in mein Geschäft, so nach dem Motto »Masseneinkauf statt Masseneinwanderung«. Jetzt weiß ich endlich, was Dichtestress ist. Aber untereinander haben die keine Berührungsängste. Da stürzt man sich kollektiv auf Waren. Es wird gerangelt und umarmt, so nach dem Motto »Mit Mut und ohne Verstand«. Der Verstand nämlich ist das Erste, das aussetzt, wenn ein Gehirn ein Schnäppchen wittert. Beim Anblick von Aktionen werden Botenstoffe freigesetzt, die Wohlgefühl und das Belohnungssystem im Hirn aktivieren. Da können Sie sich vorstellen, wie es in Schweizer Gehirnen gerade aussieht, wenn sie mit dem neuen Wechselkurs zwanzig Prozent, mit dem Winterschlussverkauf zusätzlich fünfzig Prozent und mit meiner Treuekarte zusätzlich ein Prozent des Gesamtpreises sparen. Dann drehen die komplett durch, so nach dem Motto »Kokain für alle statt für wenige«. Es dauert dann zum Glück eine Weile, bis das Frontalhirn wieder auf Verstand schaltet, deswegen merken die Schwiizerli erst zu Hause, dass sie die vielen Einkäufe gar nicht brauchen. Da hocken sie dann auf ihren fünfundzwanzig Maxi-Bechern Joghurt, die in zwei Tagen ablaufen, und ihnen ist sowieso schon übel, weil sie das schlechte Gewissen plagt. Denn das muss man den Schweizern lassen, wenigstens finden sie Geiz mit schlechtem Gewissen geil, so nach dem Motto »Gegen die Abzockerei«. Und darum verheimliche ich den Schweizern – so nach dem Motto »Maßlosigkeit schadet« –, dass ich für mein Geschäft zusätzlich Rabattgutscheine, Bonus-Stempelkarten und Verlosungsaktionen habe. Irgendein kleines Glücksgefühl muss ich ja auch meinen deutschen Kunden übriglassen, so nach dem Motto »Mut zu Deutschland«. Seit dem teuren Franken fühlen die Grenz-Deutschen sich nämlich noch ärmer als je zuvor. Geknickt gehen sie durch die Geschäfte und machen die Ohren zu, wenn es wieder einmal von der Seite brüllt: »Lueg, Urs, lueg, äs Schnitzel für drü Frankä, hahaha!« Ha-ha-ha, äfft mein Sohn sie ganz entsetzt nach. Und als vor kurzem herauskam, dass ein Prozent der Weltbevölkerung bald mehr besitzt als die restlichen neunundneunzig Prozent der Welt, war mein Sohn überzeugt, dass sich dieses eine und reichste Prozent just in unserem Laden befinde. Ist doch wunderbar, habe ich ihm gesagt, wenn das so weitergeht, können wir uns ein Ferienhaus in St. Moritz leisten! Und er sagte nur wieder: Ha-ha-ha, so nach dem Motto »Zweitwohnungsinitiative«. Ich verstehe natürlich die Wut meines Sohns. Der verdient als Lehrling die Hälfte von dem, was einer zwölf Kilometer weiter in der Schweiz verdient. Drüben wollten sie ihn aber nicht nehmen, so nach dem Motto »Die Schweiz den Schweizern«. Aber ich will mich nicht beklagen, der Laden brummt! Um ehrlich zu sein, habe ich mein Geschäft schon immer nach den Schweizern ausgerichtet, so nach dem Motto »Rettet das Gold«. Eine Studie der Uni St. Gallen zum Konsumverhalten der Schweizer hatte herausgefunden, dass Swissness hoch im Trend sei. Und jetzt fahren die Deppen über die Grenze, um ihre eigenen Produkte billiger zu kaufen. Außerdem seien Erlebniseinkäufe äußerst beliebt. Deswegen greift mein Sohn mir nach seiner Schicht unter die Arme, so nach dem Motto »Jede Stimme zählt«. Er schlüpft dann ins Toblerone-Kostüm und verteilt unsere Treuekarten. Damit treffe ich gleich vier Fliegen mit einer Klatsche: Anlockung der Kunden durch Erlebnis, Anlockung der Kunden durch Swissness, Anlockung der Kunden durch Prozente – und Datensicherung der Kunden durch die Karte. Bald kenne ich das Schweizer Einkaufsverhalten besser als die Uni St. Gallen, ha-ha! Allerdings kam gestern eine hübsche Schweizerin zu meinem Toblerone-Sohn. »Grüezi, möchten Sie unsere Treuekarte?«, fragte er höflich. Sie guckte ihn sich sehr lang an und sagte: »Ich? Nein, ich bin nicht treu«, so nach dem Motto »Das Politische ist auch privat«. Und da verstand ich, dass die wechselseitige Liebe zwischen Deutschen und Schweizern je nach Wechselkurs wechselhaft ist.

Das Wohl der Kinder

MARIA

FRAU

MANN

Maria besucht eine Fachstelle für Adoption, um sich be-
raten zu lassen. Hinter dem Tresen sind eine Frau und
ein Mann.

MARIA Guten Tag.

FRAU UND MANN Guten Tag.

MARIA Ich möchte mich gern über Adoption informie-
ren, weil ich mir sehr wünsche, ein Kind aufzuziehen
und es zu lieben und zu umsorgen, als wäre es mein
eigenes.

FRAU Ja, dann geben wir Ihnen erst mal diese Bro-
schüre …

MARIA Und ich liebe Frauen und habe gehört, dass es
in der Schweiz dann anders läuft als bei mir in Spanien.

MANN Ach so, ja, dann … Willst du anfangen?

FRAU Nein, erklär du ihr das.

MANN Also … Bei uns in der Schweiz ist es eben so, dass
wenn eine Frau einen Mann liebt und mit ihm verhei-

ratet ist, darf sie ein Kind adoptieren und es lieben und umsorgen …

FRAU … und eine Frau, die weder einen Mann noch eine Frau liebt und mit niemandem verheiratet ist, darf auch ein Kind adoptieren und es lieben und umsorgen.

MANN … und eine Frau, die eine Frau liebt, darf auch ein Kind adoptieren und es lieben und umsorgen. Aber die Frau sollte ihre Partnerin nicht ganz so sehr lieben. Weil sobald die Frau ihre Partnerin heiratet beziehungsweise partnerschaftlich eintragen lässt, darf die Frau kein Kind mehr adoptieren und es lieben und umsorgen.

FRAU Also im Klartext gesagt: Wenn eine Frau eine Frau liebt und beide ein Kind lieben und umsorgen möchten, dann sollten sie ihre Liebe lieber leugnen. Denn als Einzelpersonen darf Frau 1 ein Kind adoptieren, es lieben und umsorgen, und Frau 2 darf auch ein Kind adoptieren, es lieben und umsorgen. Frau 1 und Frau 2 dürfen aber gesetzlich auf keinen Fall dasselbe Kind adoptieren, lieben und umsorgen, weil das Kind dann zu wenig Liebe und Sorge bekommen würde, befürchten Gruppierungen in der Schweiz.

MANN Dasselbe gilt für den Mann.

FRAU In dieser Hinsicht herrscht bei uns Gleichberechtigung.

MANN Jetzt hat der Bundesrat aber letzte Woche großzügig eingewilligt, dass eine Frau, die eine Frau liebt und diese Liebe partnerschaftlich einträgt, ein Kind adoptieren, lieben und umsorgen darf, wenn es sich um ihr Stiefkind handelt und wenn der Vater des Kindes …

FRAU … tot ist ….

MANN … oder im Gefängnis sitzt …

FRAU … oder unbekannt ist …

MANN … oder Drogen nimmt …

FRAU … oder ein Haustier ist …

MANN Nein, das war eine andere Geschichte …

FRAU Ach so.

MANN Also zusammengefasst heißt das: Erstens: Sie können als Paar ein Kind adoptieren, wenn Sie die Partnerin nicht heiraten und die Verantwortung alleine tragen. Zweitens: Oder aber Sie heiraten einen Transsexuellen, der vor der Heirat ein Mann und nach der Adoption eine Frau ist. Dann wird Ihnen weder die Ehe noch das Kind aberkannt. Das ist in der Schweiz eigentlich der einzige Weg, eine gleichberechtigte, gleichgeschlechtliche Ehe zu führen. Drittens: Oder Sie können als Paar ein Kind adoptieren, wenn es Ihr eigenes ist: Sie lassen sich ein eigenes Kind machen, müssen dann aber den Vater …

FRAU … töten ….

MANN … oder ins Gefängnis bringen …

FRAU … oder als unbekannt melden …

MANN … oder ihm Drogen geben …

FRAU Also, wenn die Adoption zum »Wohle des Kindes« beiträgt.

MANN Weil das Wohl des Kindes nach Schweizer Recht und Regierung eher gesichert ist, wenn es bei einer Frau aufwächst und nicht bei zweien.

FRAU Denn nach Schweizer Recht und Regierung lieben
Frauen, die Frauen lieben ...

MANN ... und Männer, die Männer lieben ...

FRAU ... weniger vertrauenswürdig, weniger kinder-
freundlich, weniger intensiv, weniger hingebungsvoll,
weniger verantwortungsvoll als Frauen, die Männer
lieben ...

MANN ... oder Männer, die Frauen lieben.

FRAU Weil es ja schlussendlich um die Liebe geht.

MANN Die bei jeder Adoption, egal, ob Hetero oder
Homo, eingehend geprüft wird.

FRAU Und wie läuft das Ganze bei Ihnen in Spanien?

Pause.

MARIA Bei uns ist es so, dass jeder ein Kind adoptieren
darf, der liebt.

Natur und Figur

GROSSMUTTER

BORIS

Boris isst bei seiner Großmutter.

GROSSMUTTER Nimmst du denn gar keine Spätzle?

BORIS Nein, Omi, ich mach Diät.

GROSSMUTTER Du? Du bist doch nicht dick.

BORIS Darum geht's nicht. Es geht darum, dass ich supergeil aussehe und dabei supergeil gesund bin.

GROSSMUTTER Supergeil gesund?

BORIS Klar, Omi, die ganzen ungesunden Crash-Diäten macht heute kein Mensch mehr. Mit den Diäten von heute wirst du nicht nur schön und tight, mit super Haut und so, sondern wirst auch noch hundert Jahre alt, ich schwör's. Solltest du auch machen, Omi.

GROSSMUTTER Bist du wahnsinnig?

BORIS Ich esse gerade nur noch das, was die Menschen in der Steinzeit gegessen haben. Unser Magen hat sich nämlich an den Ackerbau noch gar nicht gewöhnt, der weiß noch gar nicht, wie man Getreide verarbeitet, und drum wird er dick und krank. Das ist voll Wissenschaft.

GROSSMUTTER Also mein Magen kennt den Ackerbau schon sehr gut, und der ist weit älter als deiner.

BORIS Nein, Omi, es ist alles verbunden: der Körper, was man da reintut und was da an Natur schon alles drin ist, ich schwör's.

GROSSMUTTER Jetzt isst du deine Spätzle, sonst kippst du mir um. Die Steinzeitmenschen sind nach dreißig Jahren auch tot umgekippt.

BORIS Omi, sogar in Dubai geben die den Leuten ein Gramm Gold pro abgespecktes Kilo, weil die alle von dem Brot dick und krank geworden sind.

GROSSMUTTER Was?

BORIS Ja, aber da dürfen nur die Einwohner aus Dubai mitmachen, hab mich schon erkundigt.

GROSSMUTTER Wo liest du denn immer diesen ganzen Quatsch?

BORIS Das weiß heute jedes Kind, dass böse Kohlehydrate voll ungesund sind.

GROSSMUTTER Meine selbstgemachten Spätzle sind nicht böse, und die jungen Leute, die ich in den Modeheften sehe, sehen bei Gott nicht gesund aus.

BORIS Das sag ich doch die ganze Zeit, Omi, wir Menschen haben voll den Bezug zur Natur und ihren Formen verloren. Das kam, weil wir Menschen so hammerschön sind, da hat die Kunst eben angefangen, uns nackt zu malen und zu modellieren und so. Und wenn man aus der echten Realität eine Form macht, dann wird krass überspitzt. Und so wurden aus den Beinen dünne Beine und aus den Brüsten große Brüste und aus den Männerrücken breite Rücken. Und irgendwann wollten die Menschen so krass aussehen wie ihre Form. Und als die Menschen das endlich geschafft hatten, da hat die Kunst neue Formen gemalt, und aus den dünnen Beinen wurden noch dünnere und aus den Brüsten wurden noch größere, und aus den breiten Rücken wurden noch breitere, und die Menschen wollten dann wieder so krass aussehen wie ihre Form, und als sie das endlich geschafft hatten, da hat die Kunst ange…

GROSSMUTTER Anstatt mit Diäten solltest du dich mal mit Kunst beschäftigen. Bei Rubens waren nämlich die Nackten dick, bei Giacometti langgezogen, bei Picasso verzerrt, und jetzt ist die heutige Jugend bei der Auflösung des Ichs gelandet.

BORIS Nein, Omi, die Auflösung ist Neunziger. Wir wollen jetzt doch gar keine Kultur mehr, sondern krasse Natur: Wenn du nämlich das Richtige in den Körper reintust, dann modelliert die Natur deinen Body sozusagen von innen. Dann ist dein Körper nicht zu dick und nicht zu dünn. Die Natur bringt uns wieder ins Gleichgewicht und …

GROSSMUTTER … alle haben dann das gleiche Gewicht. Weißt du, wie langweilig das ist? Ich hab das Bäuchlein von deinem Großvater immer sehr geliebt. Wie lang willst du denn den Blödsinn noch machen?

BORIS Das geht nicht kurz, Omi, das ist eine krasse Lebensphilosophie.

GROSSMUTTER Nie wieder Spätzle?

BORIS Ich könnte zwar überlegen, ob ich nicht zur neuen Zweitagesfastendiät wechsle. Früher haben die

Menschen nämlich auch nicht jeden Tag gegessen und deshalb ...

GROSSMUTTER Es reicht, du isst jetzt sofort deine Spätzle, sonst zeig ich dir gleich, wie es früher wirklich mal war.

Big Data

ANNA

und STEFAN, *ein junges Paar*

Anna kommt vom Joggen nach Hause. Stefan steht in der Tür.

STEFAN Wie war das Joggen?
ANNA Gut. – Was stehst du denn so da?

Pause

STEFAN Wer ist Sandro?
ANNA Was?
STEFAN Wer ist Sandro?
ANNA Keine Ahnung.
STEFAN Du weißt es nicht?
ANNA Wie kommst du jetzt darauf?
STEFAN Du hast dich auf Facebook mit einem Sandro befreundet.
ANNA Ich … Du weißt doch, wie das ist, man befreundet sich dauernd mit Leuten, die man nicht kennt.
STEFAN Dafür, dass du ihn nicht kennst, schreibst du ihm aber viele Mails.

ANNA Du hast in meinen Computer geschaut?

STEFAN »Ich freu mich schon aufs Joggen … *baci*, Sandro.« Punkt, Punkt, Punkt und *baci!* Das weiß doch jeder, was das bedeutet! Und dabei bist du gar nicht in den Wald zum Joggen gefahren, sondern in die Marktstraße 7!

ANNA Du bist mir nachgefahren?

STEFAN Und du hast dir vor drei Tagen für 434 Franken ein neues Kleid geleistet, von dem du mir komischerweise noch gar nichts erzählt hast!

ANNA Du hast meinen Computer ausspioniert, du fährst mir nach – das ist so eklig!

STEFAN Deine Routen sind im GPS gespeichert, dein Internetverlauf ist im Browser gespeichert, und die Bank- und Telefonabrechnungen lässt du rumliegen. Ich muss gar nicht nachspionieren, die Daten liegen überall frei rum.

ANNA Mein Internetverlauf ist meine Privatsache!

STEFAN Träum weiter, das war vielleicht vor zehn Jahren mal so.

ANNA Meine Mails sind meine Privatsache!

STEFAN Deine Mails kann die amerikanische Regierung lesen. Jetzt wo Edward Snowden in Russland ist, kann sie wahrscheinlich auch die russische Regierung lesen. Und nach und nach wird aufgedeckt, dass auch Europa Zugang zu Prism hat. Willst du mir also weismachen, dass die ganze Welt deine E-Mails lesen darf außer mir?

ANNA Die Welt liest meine Mails nicht, weil ich keine Kriminelle und keine Terroristin bin!

STEFAN Es reicht doch, bloß verdächtigt zu werden!

ANNA Ich werde aber nicht verdächtigt!

STEFAN Doch, von mir!

ANNA Dann brauchst du aber einen richterlichen Beschluss, wenn du meine Mails und Telefonate einsehen willst.

STEFAN Den richterlichen Beschluss hat Obama auch nicht, der tut, was er will.

ANNA Ja, und genau deswegen haben die Amerikaner auch keinen Bock mehr auf ihn, weil er dem Volk keine Freiheit und kein Vertrauen mehr entgegenbringt.

STEFAN Wie soll ich dir denn Freiheit und Vertrauen entgegenbringen, wenn du mich belügst?

ANNA Indem du mich nicht hintergehst!

STEFAN Wer hintergeht hier wen? Statt zu joggen, vögelst du Sandro in deinem neuen Kleid, und zusammen lacht ihr euch krumm und schief über mich. Wenn ich deine Daten nicht ausgewertet hätte, wärst du wahrscheinlich morgen schwanger. Es geht doch um meine Sicherheit. Ich muss mich doch irgendwie schützen können.

ANNA Du bist völlig paranoid, nichts auf der Welt gibt dir das Recht, in meinen Daten rumzuschnüffeln!

STEFAN Du willst doch nur von Sandro ablenken!

ANNA Sandro ist stockschwul, betreibt an der Marktstraße 7 einen Club, in dem ich dich um Mitternacht mit einer Geburtstagsparty überraschen wollte. Das »Joggen« war die Tarnung. Happy Birthday, Arschloch.

Verbrecher und Held

PORTIER

BANKERIN

Vor dem Hauptsitz einer Schweizer Großbank.

PORTIER Was soll ich denn jetzt machen? Die Warte-
zimmer sind komplett überfüllt, ich kann die Leute
doch nicht auf der Straße warten lassen.

BANKERIN Wir arbeiten schon auf Hochtouren, Sie müssen die Kunden nach Hause schicken.

PORTIER Was, ich? Sind Sie wahnsinnig? Die platzen
bald alle vor Angst und denken, sie kämen jetzt auch
ins Gefängnis wie der Uli Hoeneß. Von ihrem Fuß-
ballidol bis zu ihrer Feministenikone, alle Steuerhin-
terzieher sind drangekommen. Ist doch klar, dass sie
auch bald dran sind.

BANKERIN Sagen Sie ihnen, dass so schnell nichts passiert und sie keine Panik haben müssen.

PORTIER Die meisten sind extra mit ihren Anwälten aus
Deutschland angereist, die wollen wissen, warum die
Banken sie nicht schützen.

BANKERIN Die müssen zu ihrer Steuerbehörde, nicht zu
uns. Die müssen sich selbst anzeigen.

PORTIER Die Deutschen wollen aber die Selbstanzeige abschaffen.

BANKERIN Was?

PORTIER Haben Sie schon mal eine Menschenmenge gesehen, die Angst hat, auf einen Schlag ihren Ruf, ihre Freiheit und ihre Kohle zu verlieren?

BANKERIN Erklären Sie ihnen, dass sie morgen wiederkommen sollen.

PORTIER Ich mach das nicht. Sie schreien mich zwar nicht an, weil sie wissen, dass sie etwas Verbotenes getan haben, aber sie fixieren mich mit ihren rotangelaufenen Köpfen, die kurz vor der Unzurechnungsfähigkeit stehen, und flüstern mir aggressiv irgendwas zu. Das macht mir direkt Angst.

BANKERIN Wir halten es doch selbst kaum aus, die kommen in unsere Büros gerannt, als wenn sie die Einzigen wären, die Probleme haben. Dabei sind wir es doch, die ein echtes Problem haben. Wegen der Selbstanzeigen ist in den letzten drei Tagen so viel Geld aus unserer Bank in deutsche Steuerkassen geflossen wie in den letzten drei Jahren nicht. Wir haben Millionenverluste. Aber alle haben Mitleid mit dem armen Hoeneß, und niemand hat Mitleid mit uns Banken! Und irgendwann wird Deutschland dem Hoeneß noch einen Ehrenpreis anheften, weil ihm so viel Respekt gebührt, weil er ein Vorbild ist für alle, die mit Reue und ohne Revision ihre Konten aufgelöst haben. Vom Verbrecher zum Held. Ich könnte diesen Hoeneß erwürgen.

PORTIER Was sollen wir tun?

BANKERIN Sie müssen die Menge beruhigen.

PORTIER Ich kann nicht. Die drohen mit Mord und Selbstmord. Die machen die Schweizer Banken verantwortlich, die Banken hätten sie verführt ...

BANKERIN Verführt? Wir? Das Bankgeheimnis hat doch die Politik gemacht, nicht wir. Wir können nichts dafür, erklären Sie denen das!

PORTIER Mir glauben sie nicht. Sie müssen schon selbst mit Ihren schicken Schuhen hingehen und ihnen versprechen, dass ihr Geld in Sicherheit ist und keine Informationen nach außen dringen.

BANKERIN Ich kann nichts versprechen, wenn Deutschland jetzt sogar den Ankauf von Steuer-CDs legalisieren will.

PORTIER Jetzt erzählen Sie mir nicht, dass Sie nicht lügen können.

BANKERIN O Gott, wir sind erledigt. Wir sind das vergessene Opfer, das von der Politik und den Hinterziehern niedergetrampelt wird. Auch die Franzosen, die Skandinavier, alle haben Angst und ziehen ihr Geld von unseren Banken ab. Die Einzigen, die noch an unser Bankgeheimnis glauben, sind die korrupten Staaten und die Schweizer selbst.

PORTIER Aber die Schweizer zahlen doch kaum Steuern, dann können sie auch keine hinterziehen.

BANKERIN Oh, ich könnte Ihnen Dinge erzählen ... Mit den hinterzogenen Schweizer Steuern könnte man vermutlich 500 000 ausländische Sozialempfänger, 200 000 Kunst-Hafenkräne und 600 Fußballstadien finanzieren.

PORTIER Wirklich? Dann könnte man also versuchen,

der Schweizer Regierung eine Schweizer Steuer-CD zu verkaufen?

BANKERIN Stimmt. Das könnt ich.

PORTIER Von der Verbrecherin zur Heldin.

BANKERIN Und jetzt schaffen Sie mir die Betrüger vom Hals, ich hab zu tun.

Eltern

Die Eltern der Schweiz stehen vor der Zimmertür ihres Kinds.

MAMA Liebes, komm bitte raus, *s'il-te-plaît*!

SCHWEIZ Nein!

PAPA Hast du gehört, was deine Mutter gesagt hat?!

SCHWEIZ Nein!

PAPA Kleines …

SCHWEIZ Und nenn mich nicht Kleines!

MAMA Stimmt, *chéri,* du musst aufhören, sie Kleines zu nennen. Sie steht doch schon fast auf eigenen Beinen.

PAPA Eben nicht. Sie muss lernen, die Hilfe von anderen anzunehmen.

MAMA *Oui,* aber deswegen musst du …

PAPA Also gut. Meine Große, komm raus! Dann können wir wie Erwachsene über das sprechen, was dich bedrückt!

SCHWEIZ Nein, haut ab! *Vaffanculo!*

PAPA Was heißt das?

MAMA So sprichst du nicht mit deinen Eltern!

PAPA Große, wir machen einen Spaziergang an der frischen Luft, das tut dir gut!

SCHWEIZ Ihr habt doch überhaupt keine Ahnung, was mir guttut. Das weiß nur ich allein! Ich lass mir nicht dauernd von Fremden sagen, was ich machen soll!

PAPA Fremde?

MAMA Sie meint, fremde Richter, EU et cetera.

PAPA Schatz, wenn du Probleme mit der EU hast, dann musst du mit ihr reden!

SCHWEIZ Hab ich getan, aber es nützt nix!

PAPA Du musst auch teilen, meine Große, es geht natürlich nicht, dass du dir nimmst, was du willst, du musst mit der EU schon auch teilen!

SCHWEIZ Nein!

PAPA Was ist bloß mit ihr los, sie war doch immer so ein guterzogenes Mädchen.

MAMA Das geht seit Wochen so.

PAPA Große, wenn du dich einschließt und abschottest, nützt das niemandem was!

SCHWEIZ Doch, mir nützt das was!

MAMA *Eh bien alors*, lassen wir sie. Soll sie doch allein klarkommen.

PAPA O nein, ich hör sie weinen.

MAMA *Oh non, mon trésor,* was ist los?!

SCHWEIZ Alle hassen mich! Niemand hat mich gern!

PAPA Doch, wir haben dich gern!

SCHWEIZ Das ist ja mein Problem. Alle, die ich blöd finde, wollen was von mir! Aber alle, die ich cool finde, finden mich plötzlich scheiße!

PAPA Du findest uns blöd?

MAMA *Dis-moi,* wer hat dich nicht mehr gern?

SCHWEIZ Alle! Mit der Masseneinwanderungsinitiative habe ich mir die Stimmung so vermiest, dass keiner mehr Lust hat. Alle beginnen sich abzuwenden. Die großen Firmen, die Forscher, die Künstler, ahhh ... Und seit der Mindestkurs zum Euro aufgehoben wurde, wollen die kleinen Unternehmen auch weg, und die Touristen haben ebenfalls keinen Bock mehr, ahhhh ... Sogar die, die ein Ferienhaus hier haben, ärgern sich. Da nützen alle meine schönen Berge nichts. Österreich hat ja auch schöne, ahhhh ...!

PAPA Ach, meine kleine Große ...

SCHWEIZ Und jetzt habe ich auch noch so ein Pech mit den Swissleaks, ahhhh ... Da könnt ihr euch doch vorstellen, dass nicht mal mehr die Millionäre, Promis und korrupten Politiker mit mir abhängen wollen, ahhhh ...!

MAMA *Mais, trésor,* vielleicht willst du die korrupten Politiker selber nicht um dich haben, das sind doch alles doofe Leute.

SCHWEIZ Doch, ich will, ich will, ich will!!

PAPA Es gibt doch ganz viele, die trotzdem zu dir kommen wollen.

SCHWEIZ Aber die will ich nicht! Die haben kein Geld und keine Qualifikation, und gar nix haben die.

MAMA *Mais c'est pas vrai!*

SCHWEIZ Doch! Das habe ich bereits so beschlossen. Das kann ich jetzt sowieso nicht mehr rückgängig machen, ahhhh ...

PAPA Was machen wir bloß mit ihr?

MAMA Das ist nur eine Phase, *ça passe*.

PAPA Die neue Migrationspolitik belastet sie einfach zu sehr. Sie muss jetzt herausfinden, was sie wirklich will. Wer bin ich? Zu wem gehöre ich? Bilaterale ja oder nein? Kann ich ich selbst bleiben, auch wenn ich mit jemandem eine Partnerschaft eingehe? Sie muss einfach noch mal in sich gehen und sich selbst befragen, um herauszufinden, was sie wirklich will. Das ist ganz normal. Jeder trifft mal falsche Entscheidungen. Ich weiß noch, wie mir diese ganzen EU-Fragen an die Nieren gingen, als wir junge Schweiz waren.

MAMA *Oh oui*, bei dem EWR hatten wir uns so gestritten.

PAPA Ach, *chérie…*

Mama und Papa küssen sich. Die Tür ihrer Tochter geht einen Spaltweit auf.

Hundert Prozent Niederschlag

A

B

A und B haben sich länger nicht mehr gesehen. Sie treffen sich zufällig in der Stadt.

A Hallo!
B Ah, hallo.
A Wie geht's?
B Gut, und dir?
A Gut …
B Ja …
A Ja …

Pause

B Ja … Dieses Wetter …
A Ja, schreckliches Wetter.
B Es ist furchtbar.
A Ich bin schon wieder erkältet.
B Ich wollte ja eigentlich mehr joggen.
A Die Nachbarn auf die Terrasse einladen.
B Etwas leichter essen.

A Und sich vielleicht auch mal verlieben.

B Aber wie soll denn das gehen, bei dem Scheißwetter?

A Es ist schrecklich.

B Noch viel schrecklicher ist, dass die Prognosen auch nicht gut sind.

A Und noch viel, viel schrecklicher ist, dass die Prognosen heutzutage sogar stimmen.

B Wir wissen schon im Vorhinein, wie es uns im Nachhinein gehen wird.

A Nämlich beschissen.

B Früher konnte man wenigstens hoffen, dass die Ferien trotz Prognosen heiter werden könnten.

A Aber heute schaut kein Mensch mehr besorgt in den Himmel.

B Sondern besorgt auf den Bildschirm.

A Weil der es nun mal besser weiß.

B Und das ist nicht nur beim Wetter so. Heute hat sich nämlich die Wissenschaft auch Prognosen für uns Menschen ausgerechnet.

A Ja, angeblich kann man bei Un-, Neu- und Bereits-Geborenen einen Gentest machen lassen, der uns eine individuelle Vorhersage macht.

B Man kann sich heute also präventiv prognostizieren lassen, um wie beim Wetter präventiv schon mal schlechtgelaunt zu sein.

A Damit uns die genetisch prognostizierte Krankheit nicht gerade dann erwischt, wenn wir unter der Sonne liegen.

B Das Gute an der Prognose ist allerdings, dass man sie beeinflussen kann.

A Wie Angelina Jolie?

B Ja, die hat ein siebenundachtzigprozentiges Risiko für Krebs gehabt.

A Oder wie die Chinesen?

B Ja, die haben zum sechzigsten Jahrestag ihrer Volksrepublik ein fünfundachtzigprozentiges Risiko für Niederschlag gehabt.

A Angelina hat sich operieren lassen.

B Und die Chinesen haben mit ihrer Luftwaffe die Wolken vor Peking so lange mit Chemikalien besprüht, bis sich die Wolken abgeregnet haben.

A Aber uns fehlt eben das Geld für die Flugzeuge und den Gentest.

B Die Welt gehört eben doch den Großen, Mächtigen und Schönen.

A Und uns bleibt nichts anderes übrig, als zu warten, bis der Sturm vorbeizieht.

B Und währenddessen fressen wir den ganzen Ärger in uns hinein, denn es ist ja nicht einmal irgendjemand schuld an der Natur und ihrem Wetter.

A Die Eltern nicht.

B Die Politiker nicht.

A Die Ausländer nicht.

B Die Klimaerwärmung angeblich auch nicht, obwohl man sie nun endlich einmal gebrauchen könnte.

A Niemand ist schuld am Wetter.

B Aber das Wetter ist schuld an allem.

A Obwohl, wir tun dem Wetter eigentlich unrecht.

B Es hilft uns ja in der Not, wenn wir zum Beispiel keine

Lust haben, mit jemandem über persönliche Dinge zu sprechen.

A Ja …

B Ja …

A Ja, ich muss jetzt auch schon wieder weiter.

B Ja, ich muss jetzt auch los, ich will ja heute noch joggen, die Nachbarn einladen, leicht essen und mich verlieben. Denn man weiß ganz genau, was morgen sein wird.

Männerprobleme

VALERIE

URS

Valerie und Urs treffen sich in einer After-Work-Bar.

VALERIE Und? Wie ist das Praktikum bei der Bank?

URS Ist ganz gut. Ist okay.

VALERIE Und die Kollegen?

URS Sind nett, sind okay.

VALERIE Jetzt drucks doch nicht so rum: Wie sind die Leute? Gibt es heiße Mädels? Du hast doch bestimmt schon eine Büroaffäre, ich kenn dich doch.

URS Nein, da läuft nix.

VALERIE Was? Gar nichts?

URS Also ... mit der Chefin ist irgendwie ...

VALERIE Echt? Mit der Chefin? So cool, du bist ja voll krass.

URS Ja, aber ...

VALERIE Habt ihr schon was zusammen gehabt?

URS Nein, die hat mich mal zum Zmittag eingeladen. Da dachte ich, ich geh mal mit, ist ja lustig, und dann noch aus Höflichkeit. Und dann sind wir ab und zu Zmittag essen gegangen und haben rumgequatscht und gelacht und so. Und letzte Woche hat sie mich gefragt, ob ich auch mal mit ihr Znacht essen würde.

VALERIE Cool, und dann?

URS Ich hätte ja schon gern ne fixe Stelle …

VALERIE Wie? Hängst du wegen der Stelle mit ihr ab, oder weil du sie heiß findest?

URS Na ja, sie ist schon hübsch und so, aber so richtig cool find ich sie nicht …

VALERIE Du willst gar nicht mit ihr ins Bett, oder wie?

URS Nein, eigentlich nicht. Aber wenn sie mich zum Znacht einlädt, muss ich doch hin, sie ist ja die Chefin. Ich bin nach dem Znacht auch sofort nach Hause und hab ihr von einer Freundin erzählt, die ich gar nicht habe.

VALERIE Und dann?

URS Jetzt wollte sie mit mir ausgehen, aber ich hab gesagt, ich hab keine Zeit, und jetzt schreibt sie mir immer so SMS, auch nachts. Ich hab die SMS ignoriert, aber jetzt ist sie voll hässig …

VALERIE Du, Urs …

URS Und heute ist sie zum Abteilungsleiter und hat ihm gesagt, dass ich so unkonzentriert arbeite. So eine Stelle krieg ich nie wieder, ich dreh komplett durch.

VALERIE … du wirst sexuell belästigt.

URS Was? Nein, sie hat mich ja nicht mal richtig angefasst.

VALERIE Du musst alles dem Abteilungsleiter erzählen.

URS Bist du wahnsinnig? Dann schmeißen sie mich raus.

VALERIE Nein, dann schmeißen sie deine Chefin raus.

URS Ich hab doch nichts in der Hand. Sie ist doch eine Frau. Sie ist ganz zierlich, sie kann mich ja nicht vergewaltigen oder so.

VALERIE O Mann, Urs, ihr Männer habt endlich kapiert, dass wir Frauen in Wahrheit all das tun können, was ihr auch tut. Ihr habt kapiert, dass wir genauso arbeiten können wie Männer, dass wir genauso ungern den Haushalt machen, dass wir genauso saufen können, dass wir genauso dreckige Phantasien haben, dass wir ebenso gern betrügen und dass wir es genauso langweilig finden wie ihr Männer, den ganzen Tag auf Babys aufzupassen. Das ist Feminismus Teil eins.

Aber was ihr immer noch nicht kapiert habt, ist, dass nicht nur die Frauen wie die Männer, sondern dass auch die Männer wie die Frauen können. Ihr Männer seid genauso sensibel, ihr könnt nicht immer, ihr seid auch manchmal Opfer, und ihr müsst vor allem mal kapieren, dass ihr auch missbraucht werdet wie Frauen. Es nützt nichts, wenn ihr immer nur versucht, uns Frauen zu verstehen, ihr müsst auch mal versuchen, euch selbst zu verstehen. Das ist Feminismus Teil zwei.

URS Und was ist Feminismus Teil drei?

VALERIE Das ist, wenn Männer all das nicht nur kapiert haben, sondern auch danach handeln: Du beschwerst dich jetzt über deine Chefin. Es gibt nämlich auch Frauen in Machtpositionen, die schlechte Eigenschaften haben. Und wenn sie dir Psychostress macht, nur weil du nicht mit ihr ins Bett willst, wehr dich. Und wenn das alle machen, hat sich das mit dem Feminismus Teil vier erübrigt, weil es nämlich gar keinen Feminismus mehr braucht.

<small>URS</small> Und dann kommt der neue Machismus, Teil eins.

Zukunft

Auf der Gebärstation.

FRAU Aaahhhhhh ...

ÄRZTIN Seit wann haben Sie Wehen?

FRAU Seit heute früh ... Aahh ...

ÄRZTIN Wie viele Minuten zwischen den Wehen?

FRAU Ich glaub, drei oder vier ... Aaaah!

ÄRZTIN Darf ich Ihre Pässe sehen?

FRAU Was?

ÄRZTIN Das ist für uns alle auch neu, aber Bern hat beschlossen, die Bestimmungen der Masseneinwanderungsinitiative bereits umzusetzen, insbesondere bei illegaler Einwanderung über das Mittelmeer oder den Mutterleib.

MANN Was? Was bedeutet das?

ÄRZTIN Na, wenn ich mir Ihre Pässe so anschaue, bedeutet es, dass wir Ihre Frau hier nicht entbinden dürfen. Für Ihre Nationalität ist das Kontingent bereits überstrapaziert. Wenn ich das Kind auf die Welt bringe, mache ich mich strafbar, erst recht, wenn Schmarotzer einreisen.

MANN Schmarotzer? Meine Frau und ich leben und arbeiten seit zehn Jahren in der Schweiz. Wir zahlen brav Steuern und in alle Sozialkassen ein!

FRAU Jaaaaahhhhh!

ÄRZTIN Sie und Ihre Frau vielleicht, aber Ihr Kind nicht. Soll ich Ihnen mal vorrechnen, wie viel Ihr Kind den Schweizer Staat kosten würde? Mutterschaftsversicherung, Vorsorgeuntersuchungen, Kinderzulagen, Kindergarten, Schul- und Ausbildungskosten, Sportverein, wenn es ganz, ganz schlimm kommt, muss der Staat noch ein Studium bezahlen, dann wächst die Wahrscheinlichkeit, dass Ihr Kind eher links wählt, teure Kulturinstitutionen besucht, sich ein Haus kauft, ein Kind kriegt und eine Nanny und Putzfrau anstellt. Haben Sie schon mal eine Schweizer Putzfrau gesehen? Eben. Ihr ausländisches Kind zieht dann noch mehr Ausländer in die Schweiz. Das sind die Horrorszenarien, auf die die Schweiz verzichten möchte.

FRAU Aahhhh …

MANN Aber die Schweiz braucht doch Kinder. Wer soll denn sonst die Altersvorsorge finanzieren?

ÄRZTIN Bringen Sie Ihr Kind wieder, wenn es Steuern bezahlt.

MANN Aber unsere Kinder sind hier in der Schweiz entstanden!

ÄRZTIN Wir haben *ius sanguinis* nicht *ius soli*. Der Muttermund Ihrer Frau ist sozusagen eine Landesgrenze.

MANN Meine Frau eine Grenze?

ÄRZTIN Ja, bei Nationen mit aufgebrauchten Kontingenten tragen Ausländerinnen ihr Ausland immer mit und in sich.

FRAU Aaahhhhh, hört auf zu diskutieren, was sollen wir denn jetzt tun, verdammt?

ÄRZTIN Ich schätze, Sie haben noch eine halbe Stunde bis zur Geburt. Wenn Sie schnell fahren, schaffen Sie es noch bis Konstanz.

FRAU Aaaaaber die Kinder drücken so!

ÄRZTIN Die Kinder?

MANN Zwillinge.

ÄRZTIN Masseneinwanderung! Hauen Sie ab, sonst bin ich meinen Job los, und die Schweizer schicken mich auch weg.

MANN Sie sind Ausländerin?

ÄRZTIN Die Ausländergeburten will kein Schweizer Arzt mehr machen, weil das nur noch Bürokratie ist.

MANN O Gott, ich kann schon ein Köpfchen sehen!

ÄRZTIN Ich ruf in Bern an, es ist ein Notfall.

FRAU Aaaaaaaahhhhhhh …!

Ärztin geht und kommt zurück.

ÄRZTIN Bern hat Erbarmen, sie machen eine Ausnahme!

MANN Gott sei Dank.

ÄRZTIN Ihre Kinder kriegen ein Touristenvisum und dürfen drei Monate bleiben. Und falls Sie hochqualifiziert sind und nächstes Jahr noch zwei Kontingentsplätze frei sind, können Sie Ihre Kinder nachziehen lassen.

MANN Das kommt nicht in Frage. Meine Kinder bleiben bei uns in der Schweiz! Ich dachte, die Schweizer Volkspartei sei eine Familienpartei. Die sind ja sogar gegen Krippen, dann können sie doch nicht dafür sein, dass Kinder nicht bei ihren Eltern sind!

ÄRZTIN Nehmen Sie, was Sie kriegen. In zwei Jahren sieht es hier noch viel schlimmer aus.

FRAU Aaaaaahhhhh!

ÄRZTIN Zwei Buben, gratuliere! Und? Haben Sie schon Namen?

Die Sorgen der Bevölkerung

RETO

HANS-UELI

Reto und Hans-Ueli sitzen in einer Beiz.

RETO Du, gestern hat mich ein Mann angerufen von so einer Meinungsforschungsfirma und hat mich gefragt, ob ich mir Zeit nehmen könnte. Und ob ich ihm erzählen könnte, was meine größten Sorgen sind. Aber ich solle mir keine Sorgen machen, die Umfrage sei anonym. Da würde nachher keiner wissen, was ich gesagt habe.

HANS-UELI Und was hast du ihm erzählt?

RETO Ja, dann hab ich ihm natürlich von ihr erzählt. Ich hab ihm gesagt: Jetzt ist sie schon fünfzehn Jahre tot. Und ich muss immer noch an sie denken, jeden Tag. Ich hab ihm von ihrem Foto erzählt neben meinem Bett. Und dass, wenn ich daheim eine Nummer mit einer im Bett mach, dann tu ich das Foto wegdrehen. Und nachher, noch bevor ich aufs WC gehe, tu ich das Foto wieder zurückdrehen. Und wenn ich mehrere Nummern hintereinander mache, tut mir das Mami schon etwas leid, dass sie so lang in die Ecke schauen muss. Ja, ich hab dem Mann ganz viel vom Mami erzählt und ihn gefragt, ob das Mami die Nummern vielleicht trotzdem sieht, auch wenn ich das Foto wegdrehe. Und ob sie mir bös ist deswegen.

HANS-UELI Und was hat der Mann gesagt?

RETO Der hat das auch nicht gewusst. Und dann hat er gefragt, woher denn meine Sorgen mit dem Mami wohl kämen? Und warum ich überhaupt so viele Nummern machen müsse? Ob das was mit der Einwanderung zu tun hätt oder mit dem Atomkraftwerk.

HANS-UELI Welches Atomkraftwerk?

RETO Oder ob ich Angst hätt wegen der Arbeitslosenversicherung, und ob ich mir die Nummern in Zukunft noch überhaupt werde leisten können?

HANS-UELI Aha …

RETO Daran hatt ich noch gar nicht gedacht! Und dann hat der Mann gesagt, dass es Leute gibt, die meine Sorgen gern aufnehmen. Aber nur, wenn ich diese Leute auch wählen würde. Und deshalb sei es eben wichtig, dass ich mir überlege, wo der »Ursprung« meiner Sorgen ist.

HANS-UELI Ich komm nicht draus.

RETO Ja, weil so richtig spüren tue man den »Ursprung« der Sorgen nicht, weil der sich in unseren Alltag langsam reingeschlichen hat.

HANS-UELI Das Atomkraftwerk?

RETO Ja, zum Beispiel. Und dann hab ich gedacht, dass er vielleicht recht hat: dass ich meine Nummern wahrscheinlich nur mache wegen der Damen mit Migrationshintergrund, die hier einfach so einwandern. Aber so richtig habe ich auch nicht weitergewusst. Und dann hab ich ihm gesagt, dass er dich anrufen soll, denn du hättest schon richtig große Sorgen. Mit deinem Diabetes und deinem Bub und der Ursi. Und dass wenn ich jemanden kenne, der voller Sorgen ist, der sozusagen ein Profi ist, dass er doch dich anrufen solle.

HANS-UELI Mich?

RETO Ja, hat er dich nicht angerufen?

HANS-UELI Nein.

RETO So ein blöder Siech. Ich hab gesagt, du bist der Beste.

HANS-UELI Du bist ein blöder Siech: Der hat mich nicht angerufen, weil der die politischen Sorgen erfragen muss. Damit die Politiker wissen, was unsere Sorgen sind, für die Wahl am Ende des Monats. Der Politiker kann doch nichts tun gegen meinen Diabetes und dass meine Ursi zurückkommt.

RETO Aber doch! Vielleicht liegt es ja wirklich an der Politik, dass die Ursi gegangen ist. Vielleicht ist sie mit einem Ausländer abgehauen oder mit einem Deutschen. Und vielleicht musst du deinen Bub mal fragen, warum er immer rumhängt und nicht arbeitet. Vielleicht liegt es am Klima. Und ich würd schon auch mal überlegen, woher dein Diabetes kommt. Der »Ursprung« der Sorgen schleicht sich eben so in unseren Alltag rein, ohne dass wir es spüren.

HANS-UELI Meinst du?

RETO Ja sicher.

HANS-UELI Ich weiß nicht.

RETO Doch, da könnt die Politik schon endlich was

machen und unsere Sorgen ernst nehmen. Statt uns hier so hängenzulassen. Ich kann dir sagen, ich wähle am Ende des Monats nur die Partei, die meine Sorgen ernst nimmt.

HANS-UELI Hast ja recht. Hast ja recht.

Pause

RETO Aber … du?

HANS-UELI Ja?

RETO Was denkst du? Sieht das Mami die Nummern?

Links und rechts

STEFAN

NICO

Die Studenten Nico und Stefan sitzen in einem Café.

STEFAN Du?

NICO Ja.

STEFAN Also, wenn dich jetzt jemand fragen würde, ob du eher links oder Mitte oder sogar rechts bist, was würdest du dann sagen?

NICO Ich würd sagen, ich bin liberal, dann kann dir nichts passieren.

STEFAN Nein, komm jetzt, sag ehrlich: Bist du eher links oder Mitte? Oder Mitte-links? Oder bist du im rechten Flügel der Linken? Oder im linken Flügel der Mitte? Also linksliberal oder rechtssozial oder Mitte-neutral?

NICO Hä? Warum willst du das denn wissen?

STEFAN Ich will nur ... Das hat mich eben eine Frau gefragt, und ich find die noch cool.

NICO Und was hast du ihr geantwortet?

STEFAN Noch nichts, wir sind erst so am Simsen.

NICO Hat sie denn geschrieben, was sie ist?

STEFAN Eben nicht. Aber ich hab gedacht, ich schreib einfach, ich sei links.

NICO Also wenn du links bist, dann ist die Mitte aber eher rechts.

STEFAN Ja eben, weil die Mitte gerade so rechts ist, will ich lieber links sein als Mitte-links, weil die alte Mitte ja die neue Mitte-rechts ist.

NICO Hä?

STEFAN Egal, ich schreibe einfach, ich sei links.

NICO Dann denkt sie, du bist Kommunist.

STEFAN Aber wenn ich Mitte schreibe, ist es total unsexy. Und ich bin doch eher links und nicht linkslinks.

NICO Also, ich würde mich mal von diesen ganzen Links-rechts-Begriffen befreien. Es geht ja eher darum, welche Werte und welche Haltung du hast. Die musst du ihr vermitteln. Und dann wird sie ja schon merken, dass du linke Positionen vertrittst. Schreib ihr doch einfach: Ich bin für die Gleichheit aller Menschen und für die Stärkung der unterprivilegierten Bevölkerungsschichten.

STEFAN Dann denkt sie, ich bin Katholik. So was hat der Papst auch gesagt, und der ist weiß Gott nicht links.

NICO Dann schreib: Ich bin für ein Miteinander statt ein Gegeneinander. Für die Mündigkeit des Volks, für mehr Demokratie und für absolute Meinungsfreiheit.

STEFAN Dann denkt sie, ich bin bei der Schweizer Volkspartei. So in etwa steht das bei denen im Parteiprogramm, und die sind das Gegenteil von links.

NICO Dann schreib: Ich bin für eine progressive Politik, die auch durch revolutionäre Gedanken und Aktio-

nen neue soziale und politische Strukturen durch-
setzt.

STEFAN Dann denkt sie, ich bin bei den Muslimbrüdern.
Die haben nach der Revolution auch Schulen gebaut,
und die sind schon gar nicht links.

NICO Ach, Scheiße.

STEFAN Ich frag mich gerade, ob es die Linken überhaupt
noch gibt? Die Rechten haben die Linken von oben bis
unten ausgenommen und alle unsere Begriffe geklaut.
Aber nicht, um die linken Ideen umzusetzen, sondern
um sie zu vermarkten. Sie haben gemerkt, dass man mit
unseren Werten wie Gerechtigkeit, Freiheit und Demokratie beim Volk besser ankommt, und uns bleibt
zur Identifikation nichts mehr übrig. Ich hab mir schon
gedacht, dass irgendwas nicht stimmt, als ich bei Ikea
die Che-Guevara-Bettwäsche gesehen hab.

Stefan greift zum Handy.

NICO Was schreibst du ihr denn jetzt?

STEFAN Was Romantisches: Hey schöne Frau, links und
rechts sind nur Pauschalisierungen. Ich lade die Dame
heute Abend zum Dinner ein, und wir können beim
Cüpli darüber diskutieren? Wann kann ich Dich abholen? xx, Ste

Stefans Handy klingelt.

NICO Und? Was schreibt sie?

STEFAN Du rechte Sau.

Urlaub

VERA Ich bin schwanger.

ARBEITGEBER Oh, dann … Gratuliere.

VERA Ja, wir freuen uns.

ARBEITGEBER Wissen Sie schon, wie lang Sie pausieren wollen?

VERA Das wollte ich mit Ihnen besprechen. Wir können uns nämlich einen längeren unbezahlten Urlaub finanziell nicht leisten, und es ist ja von Unternehmen zu Unternehmen unterschiedlich, wie viel bezahlter Urlaub gewährt wird?

ARBEITGEBER Wir richten uns da ganz nach den Bestimmungen des Staats.

VERA Das heißt?

ARBEITGEBER Der Schweizer Staat hat für werdende Mütter vorgesehen, dass sie bis direkt vor der Geburt arbeiten, dann gebären und danach vierzehn Wochen bezahlten Mutterschaftsurlaub bekommen, in denen sie das neue Wesen kennenlernen, ernähren, stillen oder schöppeln, die Wäsche machen, einen Krippenplatz suchen und täglich eine Stunde mit dem Säugling an der frischen Luft spazieren gehen. Außerdem sollte sich die Mutter in dieser Wochenbettzeit komplett von der Geburt erholen, eventuelle Geburtsverletzungen pflegen, viel schlafen, einkaufen, das Kind wickeln, baden, anregen, in den Schlaf wiegen, trösten, allenfalls Hilfsmittel besorgen wie Wippe, Schnullis – Achtung, vorher abkochen! –, dann sind ärztliche Frühuntersuchungen für den Säugling und gynäkologische Nachuntersuchungen für sich selbst wahrzunehmen, der Säugling ist bei der Krankenkasse anzumelden, ein Ausweis muss ausgestellt werden – Achtung, biometrische Passfotos gibt es nicht an allen Automaten. Spaß macht es in dieser Zeit, eine Geburtsanzeige zu gestalten, Verwandte und Freunde einzuladen, und man nehme sich auch Zeit für Zärtlichkeiten in der Partnerschaft, und die Impftermine nicht vergessen! Ab der achten Woche sollte ein Rückbildungskurs besucht werden, und ganz wichtig: Bereiten Sie sich auf den beruflichen Wiedereinstieg vor. Besuchen Sie Ihre Kollegen im Büro, nehmen Sie wieder an einer Sitzung teil. Falls Sie nicht schöppeln, bereiten Sie das Abstillen oder Abpumpen von Muttermilch vor, und denken Sie über die erste Breinahrung nach, die am besten selbst gekocht wird. Von Vorteil ist es, wenn Sie dabei gut aussehen und sich nicht unter Druck setzen. Das schafft nur Ängste und Depressionen, die später Arbeitsausfälle bewirken. Ernähren Sie sich gesund und ausgewogen. Nehmen Sie sich täglich Zeit, um saisonales Gemüse zu kochen. Frauen, die sich keinen unbezahlten Urlaub leisten können, sollten nämlich so fit und schnell wie möglich wieder in die Wirtschaft integriert werden, um das Inländerinnenpotenzial zu nutzen. Falls Geschwisterkinder vorhanden sind, sollte die Mutter zusätzlich noch …

VERA Das klingt aber gar nicht nach Urlaub.

ARBEITGEBER Sie sind von der Arbeit beurlaubt und nicht im Urlaub. Deshalb nennen wir es auch nicht Mutterschaftsferien.

VERA Verstehe.

ARBEITGEBER Aber ich habe eine gute Nachricht für Sie!

VERA Ah ja?

ARBEITGEBER Wenn Sie Glück haben, dann bekommt Ihr Mann bis dahin schon den neuen Vaterschaftsurlaub.

VERA Ah ja?

ARBEITGEBER Ja, da kann Sie Ihr Mann statt der bisherigen zwei Tage ganze zwei Wochen unterstützen!

VERA Zwei Wochen?

ARBEITGEBER Großzügig, oder? Aber viele Väter wollen die zwei Wochen Urlaub gar nicht, wegen des Karriereknicks.

VERA Wegen zwei Wochen Pause?

ARBEITGEBER So ist es.

VERA Und wegen der dreiwöchigen Wiederholungskurse im Militär gibt es keinen Karriereknick?

ARBEITGEBER Nein, Militär ist kein Zeichen von Schwäche.

VERA Und was ist mit meinem Karriereknick? Und dem Partnerschafts-, dem Gleichberechtigungs- und dem Gesundheitsknick?

ARBEITGEBER Tut mir leid, es gibt keine staatliche Knick-unterstützung. Wichtig ist, dass Sie Ihren Mann, wenn er nach den zwei Wochen wieder in den Beruf ein-steigt, schonen. Die meisten jungen Väter heutzutage sind dauernd müde, weil die Mütter sie in die Kinder-arbeit mit einbeziehen. Es ist für sie wirklich schwie-rig, Arbeit und Kind unter einen Hut zu kriegen.

Staats-Yoga

YOGALEHRERIN Schließen Sie Ihre Augen. Entspannen Sie sich. Entspannen Sie Ihre Stirn, Ihre Schultern und Ihren Mundraum. Entspannen Sie Ihre Bauchdecke, und atmen Sie ein und aus. Und spüren Sie, wie Sie bei jedem Ausatmer etwas leichter und entspannter werden. Wie Sie bei jedem Ausatmer Gedanken, die Sie beschäftigen, loslassen können und an den Staatsboden abgeben können. Spüren Sie, wie der Staatsboden Sie trägt und stützt.

Bleiben Sie entspannt liegen, wir gehen jetzt gemeinsam auf eine Phantasiereise. Atmen Sie ein und aus, und lassen Sie sich in die Gedanken und Bilder hineinfallen.

Gehen Sie durch die Straßen Ihrer Stadt oder die Straßen Ihrer Gemeinde. Schauen Sie sich um. Die Häuser, die Menschen, der Staat. Und stellen Sie sich vor, es hätte genug Geld in den Staatskassen, so dass die Kriminalität komplett verhindert wäre. Stellen Sie sich vor, es wäre genug Geld in den Staatskassen, dass kaum noch Steuern zu zahlen wären. Und stellen Sie sich vor, es hätte trotzdem genug Finanzen, um die

Altersvorsorge zu sichern. Und jetzt bewegen Sie sich in Ihrem Staat, gehen Sie auf die Straße, und spüren Sie, wie leicht es sich anfühlt, wie der Staat Sie nährt und schützt, und atmen Sie ein und aus.

Aber stellen Sie sich vor, in diesem Staat gäbe es keine Kultur. Stellen Sie sich vor, Autobahn, Spitäler und Militär funktionierten einwandfrei, aber in diesem Staat gäbe es keine Kultur. Die Spielplätze, Schulen und Universitäten wären auf Hochglanz poliert, und es gäbe keine Kultur.

Stellen Sie sich vor, der Staat gäbe all sein Geld für das Wohlbefinden seiner Bürger aus. Die Subventionen für Bauern, Banker, Ingenieure, Krankenkassen laufen nach wie vor auf Hochtouren, aber die Kulturinstitutionen und Künstler müssten nicht mehr subventioniert werden, weil es sie nicht mehr gibt. Und jetzt atmen Sie wieder gut ein und aus, denn all dies muss keine Phantasie bleiben. Etliche Gemeinden haben sich entschieden, ihren Kulturhaushalt zu kürzen. Spüren Sie, wie bei jedem Ausatmer die Geldsäckel der Städte und Gemeinden leichter und leichter werden. Spüren Sie, wie schwerelos sich die Kulturfördertöpfe in Zukunft anfühlen werden. Atmen Sie bis hinunter ins Steißbein, denn bald werden die Kulturhäuser und Künstler nicht mehr Staatsangelegenheit sein, sondern gehören dem Feld der Wohltätigkeit an, damit der Staatshaushalt sich wieder besser um Ihr Wohlbefinden kümmern kann.

Ich nehme an, dass Sie jetzt völlig entspannt sind. Wir gehen jetzt zum Abschluss noch mal auf unsere

Reise durch Ihre Gemeinde, wo in ein oder zwei Jahrzehnten alles erreicht ist, außer der Kultur. Ach, stellen Sie sich das mal vor, wir wären frei von Schulden und frei von Kultur! Die Museen würden geschlossen, die Konzerträume umfunktioniert, die Kinos abgerissen. Glencore programmiert das Festival der Weltmusik. Aus den Tanzräumen würden Kongresszentren errichtet, das Schauspielhaus wäre von McDonald's aufgekauft, und auf dem Spielplan steht einzig Macbeth. Aus den Filmstudios würden Wohnungen gebaut, im Technikmuseum könnten wieder Waren hergestellt werden, die Ems-Chemie sponsert das Migrantenstadel, die Kulturzentren der Gemeinden würden als Einkaufszentren dienen, und vielleicht ließe sich aus den Bibliotheken wieder Papierrohstoff gewinnen.
Und jetzt gehen Sie nochmals durch die Straßen, und spüren Sie, wie sich dieser Staat anfühlt.

Themenverzeichnis

Liebe
Liebesspiele, Denken und Reden, Investment, Frauen-
quote, Paartherapie, Kein Kommentar, Private Affairs,
Big Data, Links und rechts

Finanzplatz
Verbrecher und Held, Investment, Feierabend, Business-
Song, Verräter, Gutenachtgeschichte, Der Tod und die
Steuern

Leben
Psycho, Kinderreime, Sprachflucht, Weltmeister, Natur
und Figur, Frei sein, The New Shit, Hundert Prozent
Niederschlag

Gender
Liebesspiele, Frauenquote, Quotenangst, Gute Menschen,
schlechte Menschen, Das Wohl der Kinder, Männerpro-
bleme

Stadt
Stadt, Land, Agglo, Bier-Ueli

Politisieren
Denken und Reden, Sturm, Aufrüstung, Die Sorgen der Bevölkerung, Links und rechts, The New Shit, Frei sein

Schweiz – Deutschland
Verbrecher und Held, Usländer, Direkte Deutsche Demo, Grenzkonsum

Laura de Weck
im Diogenes Verlag

Lieblingsmenschen
Ein Stück

Fünf junge Studenten suchen nach ihrem Weg inmitten des scheinbar lockeren und unverbindlichen Unilebens. Doch die Zeit zwischen Vorlesungssälen und durchgefeierten Partys, die Laura de Weck temporeich in ihrer Komödie schildert, hat durchaus ihre Schattenseiten.

»Das Stück ist kritisch und komisch, düster und frisch. Laura de Weck versteht es, diese sich nach Authentizität sehnende Jugend in einer Ästhetik des Nicht-Kommunizierens einzufangen. – Das Debüt hat sich als gelungener Erstling erwiesen.«
Regula Freuler / NZZ am Sonntag, Zürich

»*Lieblingsmenschen* handelt von einem Haufen junger Studentinnen und Studenten und von den Flausen, dem Ehrgeiz und dem Sex, die sie so umtreiben. Ein großartiges Stück.«
Wolfgang Höbel / Der Spiegel, Hamburg

»Lange hat man nichts Vergleichbares von jungen Schweizer Autoren gelesen.«
Julian Schütt / Die Weltwoche, Zürich

SumSum
Ein Stück

Der junge Schweizer Urs-Peter hat Selina im Internet kennengelernt. Jetzt ist eine nichtvirtuelle Begegnung angesagt: Nach zwanzig Stunden Flug landet Urs-Peter in ihrem Land. Am Flughafen erwarten ihn Selina, ihre Schwester und ein Priester. Offenbar will Selina den Mann, den sie zum ersten Mal sieht, sofort heiraten. Urs-Peter ist irritiert und angewiesen auf die Englischkenntnisse von Selinas Schwester. Aber schon bald finden die beiden eine ganz eigene, gemeinsame Sprache...

»Laura de Weck stellt mit *SumSum* erneut ihre starke Einfühlungsgabe für eine moderne (wortkarge) Kommunikationsgesellschaft unter Beweis. Sie verschachtelt deutsche und englische Kürzestdialoge so über- und ineinander, dass die Annäherung zwischen den Figuren sich abspielt wie das zähe Vorwärtskommen in Einbahnstraßen zu Stoßzeiten.«
Brigitte Schmid-Gugler / St. Galler Tagblatt

»Laura de Weck hat mit Urs-Peter eine bemerkenswerte Figur geschaffen. Keinen Macho-Helvetier, der in der Ferne eine Frau postet. Eher einen Allerweltsschweizer, dem in der Fremde schmerzhaft ein Lichtlein aufgeht.« *Peter Müller / Tages-Anzeiger, Zürich*

»Laura de Weck hat mit ihrem zweiten Stück *SumSum* die Tragikomödie einer gescheiterten Verständigung geschrieben.«
Tobias Hoffmann / Neue Zürcher Zeitung

Martin Suter
im Diogenes Verlag

Small World
Roman

Erst sind es Kleinigkeiten: Konrad Lang, Mitte sechzig, stellt aus Versehen seine Brieftasche in den Kühlschrank. Bald vergisst er den Namen der Frau, die er heiraten will. Je mehr Neugedächtnis ihm die Krankheit – Alzheimer – raubt, desto stärker kommen früheste Erinnerungen auf. Und das beunruhigt eine millionenschwere alte Dame, mit der Konrad seit seiner Kindheit auf die ungewöhnlichste Art verbunden ist.

»Fesselnd. Eine der großen Qualitäten von Martin Suters Roman liegt in der Präzision, mit der er die Krankheit und Umgebung beschreibt, und in der Gelassenheit, mit der er die Geschichte langsam vorantreibt.« *Le Monde, Paris*

Auch als Diogenes Hörbuch erschienen,
gelesen von Dietmar Mues

Die dunkle Seite des Mondes
Roman

Starwirtschaftsanwalt Urs Blank, fünfundvierzig, Fachmann für Fusionsverhandlungen, hat seine Gefühle im Griff. Doch dann gerät sein Leben aus den Fugen. Ein Trip mit halluzinogenen Pilzen führt zu einer gefährlichen Persönlichkeitsveränderung, aus der ihn niemand zurückzuholen vermag. Blank flieht in den Wald. Bis er endlich begreift: Es gibt nur einen Weg, um sich aus diesem Alptraum zu befreien.

»Eine gründlich recherchierte, präzise, elegant und humorvoll geschriebene Geschichte. Martin Suter bietet ein Optimum an Belehrung, Spannung und Vergnügen.« *Friedmar Apel/Frankfurter Allgemeine Zeitung*

»Das Buch ist spannend wie ein Thriller und trifft wie ein Psycho-Roman – eine ungewöhnliche Variante von *Dr. Jekyll und Mr. Hyde*.« *Brigitte, Hamburg*

Auch als Diogenes Hörbuch erschienen,
gelesen von Gert Heidenreich

Ein perfekter Freund
Roman

Durch eine rätselhafte Kopfverletzung hat der Journalist Fabio Rossi eine Amnesie von fünfzig Tagen. Als er seine Vergangenheit zu rekonstruieren beginnt, stößt er dabei auf ein Bild von sich, das ihn zutiefst befremdet. Er scheint merkwürdige Dinge getan, ein seltsames Verhalten an den Tag gelegt zu haben in jener Zeit. Aber offenbar gibt es Leute, denen es lieber wäre, jener Fabio bliebe ausgelöscht.

»In Martin Suters *Ein perfekter Freund* hungern die Leser nach Informationen wie die Hauptfigur. Jedes neue Häppchen wird stilvoll serviert: keine Schnörkel, keine langatmigen Beschreibungen, viele, aber keine überflüssigen Details. Handlung ist Trumpf, Suter das As.« *Frankfurter Rundschau*

Lila, Lila
Roman

So rein wie die Liebesgeschichte, die er als Manuskript in einem alten Nachttisch findet, sind auch Davids Gefühle für Marie. Und er möchte ihre Liebe, um jeden Preis. Dafür muss er ein anderer werden als der, der er ist. David schlüpft in eine Identität, die ihm irgendwann über den Kopf wächst.

»Wie stets bei Martin Suter geht es auch in seinem wunderbar geschriebenen Roman *Lila, Lila* um den Verlust von Identität. Suter packt einen von der ersten Seite an. Unbedingt lesen!« *Brigitte, Hamburg*

Lila, Lila wurde 2009 von Alain Gsponer mit Daniel Brühl, Hannah Herzsprung und Henry Hübchen in den Hauptrollen verfilmt.

Auch als Diogenes Hörbuch erschienen,
gelesen von Daniel Brühl

Der Teufel von Mailand
Roman

Sonias Sinne spielen verrückt: Sie sieht auf einmal Geräusche, schmeckt Formen oder fühlt Farben. Ein Aufenthalt in den Bergen soll ihr Gemüt beruhigen, doch das Gegenteil tritt ein: Im Spannungsfeld von archaischer Bergwelt und urbaner Wellness, bedrohlichem Jahrhundertregen und moderner Telekommunikation beginnt ihre überreizte Wahrnehmung erst recht zu blühen – oder gerät die Wirklichkeit aus den Fugen?

»Hochspannender Stoff, angerichtet mit der für den Schweizer Bestsellerautor Martin Suter so typischen Milieukenntnis, die dem Roman die wunderschönen Boshaftigkeiten schenkt.«
Verena Lugert / Neon, München

Auch als Diogenes Hörbuch erschienen,
gelesen von Julia Fischer

Der letzte Weynfeldt
Roman

Adrian Weynfeldt, Mitte fünfzig, Junggeselle, großbürgerlicher Herkunft, Kunstexperte bei einem internationalen Auktionshaus, lebt in einer riesigen Wohnung im Stadtzentrum. Mit der Liebe hat er abgeschlossen. Bis ihn eines Abends eine jüngere Frau dazu bringt, sie – entgegen seinen Gepflogenheiten – mit nach Hause zu nehmen. Am nächsten Morgen steht sie außerhalb der Balkonbrüstung und droht zu springen. Adrian vermag sie davon abzuhalten, doch von nun an macht sie ihn für ihr Leben verantwortlich. Weynfeldts geregeltes Leben gerät aus den Fugen – bis er schließlich merkt, dass nichts ist, wie es scheint.

»Martin Suter spinnt und spannt über Adrian Weynfeldt ein höchst intrigantes, höchst elegantes, cooles Netz um Kunstmarkt, Kunst und Lebenskunst.«
Elmar Krekeler / Die Welt, Berlin

Auch als Diogenes Hörbuch erschienen,
gelesen von Gert Heidenreich

Der Koch
Roman

Maravan, 33, tamilischer Asylbewerber, arbeitet als Hilfskraft in einem Zürcher Sternelokal, tief unter seinem Niveau. Denn Maravan ist ein begnadeter, leidenschaftlicher Koch. Als er gefeuert wird, ermutigt ihn seine Kollegin Andrea zu einem Deal der besonderen Art: einem gemeinsamen Catering für Liebesmenüs. Anfangs kochen sie für Paare, die eine Sexualtherapeutin vermittelt. Doch der Erfolg von *Love Food* spricht sich herum, und eine viel zahlungskräftigere Klientel bekundet Interesse: Männer aus Politik und Wirtschaft – und deren Grauzonen.

»Martin Suter erzählt umstandslos, geschliffen, handwerklich so brillant, dass Neider es als konventionell abqualifizieren müssen.« *Die Weltwoche, Zürich*

Auch als Diogenes Hörbuch erschienen,
gelesen von Heikko Deutschmann

Die Zeit, die Zeit
Roman

Etwas war anders, aber er wusste nicht, was.
Ist es verrückt, wenn einer glaubt, die Zeit lasse sich »zurückdrehen«? Es ist verrückt, denkt Peter Taler anfangs, als er das Vorhaben des alten Knupp begreift,

der ihm gegenüber wohnt. Denn der möchte etwas denkbar Unmögliches möglich machen.

»Wie immer genial konstruiert. Ein Roman, der zum Denken anregt und unsere Welt für einen Moment auf den Kopf stellt. Ein absolutes Muss für alle Suter-Fans und die, die es werden wollen.«
Nicole Abraham/HR1, Frankfurt am Main

Auch als Diogenes Hörbuch erschienen, gelesen von Gert Heidenreich

Montecristo
Roman

Als sein Intercity gewaltsam zum Stehen kommt, ahnt Jonas Brand noch nicht, in welches Abenteuer er gerade gerät. Draußen liegt ein Toter, Brand hält die beklemmende Situation mit der Kamera fest und befragt die Mitreisenden. Er ist freischaffender Videojournalist, der allerdings von Höherem träumt: Er möchte Filme machen, und sein Projekt »Montecristo« hat Blockbusterpotenzial – wenn ihm nur jemand eine Chance geben würde. Als er sich in Marina Ruiz verliebt, rücken seine Träume erneut in den Vordergrund.
Knapp drei Monate später spielt ihm der Zufall wieder etwas Seltsames in die Hände: zwei Hundertfrankenscheine mit identischer Seriennummer – beide, wie man ihm bei der Bank verblüfft bestätigt, eindeutig echt. Und dann wird Brands Wohnung durchwühlt und er selbst zusammengeschlagen und beraubt. Jemand soll offenbar eine Ungereimtheit aus der Welt schaffen – und damit zugleich Zweifel an der Glaubwürdigkeit einiger staatstragender Persönlichkeiten.

»Martin Suter erreicht mit seinen Romanen ein Riesenpublikum. Er fängt seine Leser mit schlanken, raffinierten Plots.«
Wolfgang Höbel/Der Spiegel, Hamburg

»Wenn es überhaupt einen Schriftsteller gibt, dessen
Feder man gern entsprungen wäre, dann ihn.«
Berliner Morgenpost

Auch als Diogenes Hörbuch erschienen,
gelesen von Wanja Mues

Außerdem erschienen:

Allmen und die Libellen
Roman
Auch als Diogenes Hörbuch erschie-
nen, gelesen von Gert Heidenreich

*Allmen und
der rosa Diamant*
Roman
Auch als Diogenes Hörbuch erschienen, gelesen von Gert Heidenreich

Allmen und die Dahlien
Roman
Auch als Diogenes Hörbuch erschie-
nen, gelesen von Gert Heidenreich

*Allmen und die
verschwundene María*
Roman
Auch als Diogenes Hörbuch erschienen, gelesen von Gert Heidenreich

Business Class
Geschichten aus der Welt des Managements

Business Class
Neue Geschichten aus der Welt des
Managements

*Richtig leben
mit Geri Weibel*
Sämtliche Folgen. Geschichten

Huber spannt aus
und andere Geschichten aus der Business Class

Unter Freunden
und andere Geschichten aus der Business Class

Das Bonus-Geheimnis
und andere Geschichten aus der Business Class

Abschalten
Die Business Class macht Ferien

Alles im Griff
Eine Business Soap
Auch als Diogenes Hörbuch erschie-
nen, gelesen von Stefan Kurt

Business Class
Geschichten aus der Welt des Manage-
ments. Liveaufnahme von Martin Suters
Lesung im Casinotheater Winterthur
im Okober 2006
Diogenes Hörbuch, 1 CD

Rolf Dobelli
im Diogenes Verlag

Fünfunddreißig
Eine Midlife Story

Häppchen und Wein, ausgelassene Feststimmung in der Firma, denn Gehrer, der brillante Marketingchef, wird aus Harvard zurückerwartet. Und das an seinem 35. Geburtstag. Tatsächlich ist er in Zürich gelandet, allerdings nicht mit der Maschine aus Boston. Gehrer war in Indien. Und er sitzt an diesem kalten Februartag nicht etwa in seinem Büro, sondern auf einer Bank am See. In einem entwaffnend präzisen Selbstgespräch zieht er Bilanz. Was geschieht im Zenit des Lebens? Wer ist er mit 35? Und was ist mit 35 plötzlich anders? Das Erwachen: Gehrer möchte nichts lieber als Gehrer loswerden, ein anderer werden. Aber da beginnt sein Problem.

Dobelli enthüllt scharfsinnig und poetisch zugleich ein zeitgenössisches Lebensgefühl und entwirft »eine kleine Philosophie des Durchbrennens«.

»Rolf Dobelli begeistert mit seinem Debütroman. Eine kritische und dennoch komische Bilanz über einen, der trotz aller Erfolge nie gelebt hat.«
Kerstin Schneider / Handelsblatt, Düsseldorf

Himmelreich
Roman

»Nicht schon wieder eine dieser Geschichten, ein Mann und eine jüngere Frau, und die einzige Herausforderung, die darin besteht, das Ganze mit Anstand rückgängig zu machen«, denkt Philip Himmelreich, als ihm die Affäre mit der wesentlich jüngeren Buchhändlerin Josephine über den Kopf zu wachsen droht. Doch diese Geschichte verläuft überraschend anders.

»Wer begreifen will, wie ein entfesselter Turbokapitalismus Traumgebirge einebnet und Seelenlandschaften verwüstet, sollte Rolf Dobellis *Himmelreich* lesen.«
Hendrik Werner / Die Welt, Berlin

Turbulenzen
777 bodenlose Gedanken

Tatort: ein Mann in einem Flugzeug auf dem Weg über den Atlantik. Bevor der Alte Kontinent ihn wiederhat, Nachdenken über sich, über Gott und die Welt. Überraschendes, Hintergründiges, Absurdes, Alltägliches, Gedankenblitze – Formulierungen, die sich wie Haken festsetzen und zum Weiterdenken und -dichten anregen.

»Eine elegant sachliche Sprache mit sparsam, aber punktgenau eingesetztem Wortwitz.«
Deutschlandradio, Köln

»Klar, knapp und knackig.« *Luzerner Zeitung*

Massimo Marini
Roman

In einem Koffer wurde er als Säugling in die Schweiz geschmuggelt, neun Jahre lang mussten seine Eltern ihn versteckt halten, um ihre Arbeitsbewilligung nicht zu verlieren, der Vater ein harter Malocher, der es zum erfolgreichen Unternehmer schafft – alles für den Sohn Massimo, der es einmal besser haben soll.
Dessen Leben verläuft weniger gradlinig und glänzt mit Dramatik und Höhepunkten. Vom italienischen Immigrantenkind zum Zürcher Gesellschaftslöwen. Vom Opernhausdemonstranten zum Opernhaussponsor. Vom Existenzphilosophen zum Bauunternehmer. Vom Linken zum Rechten. Vom Tiefen zum Hohen. Vom Süden zum Norden. Bis er einer Frau begegnet, die sein Glück krönt – und zerstört.

Ein umfassendes Gesellschaftspanorama und das Porträt einer vitalen, schillernden Persönlichkeit.

»Rolf Dobelli legt hier ein Meisterwerk vor. Packend, lehrreich und mitreißend erzählt.« *Bücher, Berlin*

Fragen an das Leben

Dobellis Fragen an das Leben und an sich selbst: Fragen, die zum Lachen oder Schmunzeln bringen, die unter die Haut gehen, unerwartete, boshafte Fragen, die zuspitzen oder neue Fragen aufwerfen – jedenfalls immer nachdenklich machen und anregen. Zu Erfolg und Karriere, Geld, Liebe, Ehe, Sex, Alter, Tod und Gott. Spielerisch ironische Fragen, die jeden betreffen und garantiert bei jedem etwas auslösen.

Wer bin ich?
Indiskrete Fragen

Fragen, denen sich jeder mindestens einmal im Leben stellen muss. Zur diskreten Selbsterforschung oder als amüsantes Gesellschaftsspiel. Fragen, die belustigen, die unter die Haut gehen, unerwartete, hinterhältige Fragen, die sich ihrerseits in Frage stellen wie in einem Kaleidoskop – und garantiert anregen: zum Lauf der Welt, zu Liebe, Sex, Erfolg, Karriere, Alter, Tod, Gott und Glück.

»Eine an- und aufregende Lektüre, die nicht ohne Folgen bleibt. Denn die Antworten muss jeder selbst für sich finden.« *Nürnberger Nachrichten*

»Kein Ratgeber, keine Psychotricks – trotzdem kommt man sich mit diesem Buch näher.«
Woman, Hamburg

»Amüsant, charmant, bisweilen subversiv.«
Freie Presse, Chemnitz

Jakob Arjouni
im Diogenes Verlag

Jakob Arjouni, geboren 1964 in Frankfurt am Main, schrieb mit neunzehn seinen ersten *Kayankaya*-Roman. Für *Ein Mann, ein Mord* erhielt er 1992 den Deutschen Krimi-Preis, und seine Veröffentlichung *Idioten. Fünf Märchen* stand monatelang auf den Bestsellerlisten. Arjouni lebte mit seiner Familie in Berlin und Südfrankreich. Er starb am 17. Januar 2013 in Berlin.

»Seine Virtuosität, sein Humor, sein Gespür für Spannung sind ein Lichtblick in der Literatur jenseits des Rheins, die seit langem in den eisigen Sphären von Peter Handke gefangen ist.« *Actuel, Paris*

»Seine Texte haben Qualität. Sie sind ambitioniert, unaufdringlich-provokativ, höchst politisch.« *Barbara Müller-Vahl/General-Anzeiger, Bonn*

Happy birthday, Türke!
Kayankayas erster Fall. Roman
Auch als Diogenes Hörbuch erschienen, gelesen von Rufus Beck

Mehr Bier
Kayankayas zweiter Fall. Roman
Auch als Diogenes Hörbuch erschienen, gelesen von Rufus Beck

Ein Mann, ein Mord
Kayankayas dritter Fall. Roman
Auch als Diogenes Hörbuch erschienen, gelesen von Rufus Beck

Magic Hoffmann
Roman
Auch als Diogenes Hörbuch erschienen, gelesen von Jakob Arjouni

Ein Freund
Geschichten

Kismet
Kayankayas vierter Fall. Roman

Idioten. Fünf Märchen

Hausaufgaben
Roman

Chez Max
Roman
Auch als Diogenes Hörbuch erschienen, gelesen von Jakob Arjouni

Der heilige Eddy
Roman
Auch als Diogenes Hörbuch erschienen, gelesen von Jakob Arjouni

Cherryman jagt Mister White
Roman

Bruder Kemal
Kayankayas fünfter Fall. Roman

Die Kayankaya-Romane in einem Band im Schuber
Happy birthday, Türke / Mehr Bier / Ein Mann, ein Mord / Kismet / Bruder Kemal